監修者——五味文彦／佐藤信／高埜利彦／宮地正人／吉田伸之

［カバー表写真］
空からみた箸墓古墳

［カバー裏写真］
佐味田宝塚古墳出土の
家屋文鏡

［扉写真］
黒塚古墳の竪穴式石室
遺物出土状況

日本史リブレット 4

古墳とその時代

Shiraishi Taichirō
白石太一郎

目次

古墳の造られた時代

本格的な水稲農耕《すいとうのうこう》が開始され、北と南を除く日本列島に農耕社会が成立した弥生《やよい》時代の数百年間が経過した西暦三世紀の中葉すぎ、巨大な前方後円墳《ぜんぽうこうえんふん》をはじめとする大規模な墳丘をもつ古墳《こふん》が西日本各地に現われる。やがて古墳は琉球《りゅうきゅう》諸島と東北北部・北海道を除く列島の各地に数多く営まれるようになり、その造営は七世紀後葉から一部の地域では八世紀におよぶ。この時代を考古学では古墳時代▲とよんでいる。

この時代は、弥生時代に各地に形成されていた政治的まとまり——それは『後漢書《ごかんじょ》』▲や『三国志《さんごくし》』▲など中国の歴史書が国と表現しているものに相当しよう——が、近畿のヤマトの勢力を中心に相互に結びつきを強め、しだいに古代国

▼古墳時代　古墳時代は、前期(三世紀後半〜四世紀後半)、中期(四世紀後半〜五世紀末葉)、後期(六世紀)、終末期(七世紀)に区分される。このうち終末期は、前方後円墳の造営が停止されて以降、まだ古墳の造営が続く時代をいい、政治史でいう飛鳥《あすか》時代に相当する。

▼後漢書　中国の後漢代(二五〜二二〇)の歴史を書いた歴史書。南朝の宋の范曄《はんよう》の撰になる。光武《こうぶ》帝《てい》の中元二(五七)年に倭の奴国《なこく》王が朝貢して印綬をうけたこと、安帝の永初元(一〇七)年に倭国王帥升《すいしょう》等(北宋刊本『通典』には倭面土国王師升等とある)が生口一六〇人を献じたことが記されている。

▼三国志　中国が魏《ぎ》・蜀《しょく》・呉《ご》の三国に分裂していた三国時代の歴史を書いた歴史書。晋の陳寿《ちんじゅ》が著す。邪馬台国などのことを書いたいわゆる『魏志』倭人伝は、『魏志』の東夷伝に含まれる。

家形成への歩みを進める時期にあたっている。また、この古墳時代後半の五〜六世紀には、朝鮮半島から騎馬《きば》文化や鉄器生産・金属加工・製陶・土木建築などの新しい技術、さらに先進的な学問・思想・宗教・芸術などを積極的にうけいれる。その結果として、日本列島の本格的な文明化が進展し、八世紀に開花する古典文化の基盤が形成される。

このように古墳時代は、日本の古代国家や古典文化の基盤が形成されるきわめて重要な時期にあたっている。この時代の歴史を考えるための史料としては、若干の海外史料を除くと、ずっと後の八世紀に、天皇家の支配の正当性を主張するという目的をもって編纂されたため内容にも多くの問題のある『古事記《こじき》』▲や『日本書紀《にほんしょき》』▲があるにすぎない。この『古事記』や『日本書紀』にもとづく研究の射程が、特殊な場合を除いてせいぜい六世紀にまでしかおよばないことは、文献による古代史研究者がみずから認めるところである。したがって、この時代の歴史を明らかにするには、古墳をはじめとするさまざまな遺跡やその出土遺物など考古学的な資料と考古学の研究の果たす役割がきわめて大きい。考古学による研究の成果と文献史料にもとづく研究の成果を総合して、はじめてこの時

▼**古事記**　和銅五(七一二)年に太安万侶《おおのやすまろ》が撰進した日本古代の歴史書。神代の初めから推古《すいこ》天皇までを扱う。

▼**日本書紀**　養老四(七二〇)年に舎人《とねり》親王・太安万侶らによって編纂された日本最初の正史。神代から持統《じとう》天皇が譲位する六九七年までを、中国の正史にならい編年体で記している。

代の歴史が明らかにできるのである。

考古学の研究成果と文献史学の研究成果を総合するというのは、口で言うのはやさしいが実際にはなかなかむずかしい課題である。両者の安易な馴れ合いは、逆に歴史の真実を見誤る危険が大きく、また、考古学と文献史学双方の資料(史料)のもつ本来の価値をそこなうおそれもないわけではない。たがいの資料の限界をわきまえ、それぞれの方法を尊重して、真の協業を進めなければならない。

幸い、考古学と文献史学の成果を総合するうえに欠かすことのできない考古資料の暦年代▲の研究が最近著しく進展してきた。従来は、古墳の出現年代、あるいは古墳時代中頃の須恵器《すえき》の生産開始の年代、さらには前方後円墳の終末年代に至るまで、研究者によって半世紀から一世紀近くもの年代観の差異が存在した。たとえば、奈良県桜井市の箸墓《はしはか》古墳に代表される出現期の前方後円墳についても、その造営年代を三世紀の中葉と考える説から四世紀の中頃まで下げて考える説まで、前後一世紀近くの年代観の違いがあった。これでは考古学の資料を具体的な歴史研究に生かすことなど、無理というほかない。

▼暦年代　考古学的方法で明らかにできるのは、あくまでも資料の前後関係を示す相対年代である。絶対的な年代、すなわち暦のうえでの年代は、文献史料などと総合して求めなければならない。

ようやく最近になって、考古学自体による考古資料の相対年代の研究と絶対年代、すなわち暦年代の研究が急速に進展するとともに、他方、自然科学的な年代決定法、とりわけ年輪《ねんりん》年代法▲が実用的段階に達し、考古学的な方法による年代想定との比較検討が一部ではあるが可能になってきた。その結果、先の箸墓古墳など大型前方後円墳の出現年代についても、三世紀の中葉すぎと考える研究者が多くなってきている。もちろん、研究者間における年代観の食い違いがまったく解消したわけではないが、従来に比べればその差は急速にちぢまり、歩み寄りをみせてきている。

本書では、古墳をはじめとする古墳時代のさまざまな考古資料を、こうした最近の新しい暦年代観にもとづいて具体的な歴史の展開過程の中に位置付けてみたい。そうすることによって、古墳時代の歴史を、主として考古学的な資料と方法によって著述してみることにしたい。まず、古代東アジア世界でも異常なほど巨大な日本列島の古墳の特質を追求するとともに、古墳からみた首長連合のあり方、さらにその盟主である大王《だいおう》▲の性格やその変化を跡付ける。また、古墳時代の人々の社会やその生活、さらに信仰のあり方を考える。さらに、四

▼年輪年代法　年輪の幅はその年の気候条件によって異なる。暦年代の明らかな樹木を出発点に年輪幅の変動のパターンを作成し、これとの比較によって遺跡出土の木や木製品の年代を求める方法。樹皮すなわち最終年輪の残る資料がえられれば、その伐採年代が一年単位で正確に求められる。

▼大王　ヤマト政権の盟主である大首長は、東アジア世界では倭国王にほかならないが、それが三〜四世紀に列島内でなんとよばれていたかは定かではない。稲荷山鉄剣の銘文から五世紀後半には大王を名乗っていたことが知られ、それは七世紀後半に天皇号が成立するまで続いた。

世紀後半以降の東アジアの激動の歴史の中で急速に進む倭《わ》国の文明化の要因とその過程を明らかにし、日本列島における古代国家と古典文化の成立過程を展望してみることにしよう。

①——日本の古墳の特異性

巨大な墳丘

日本の古墳の特色として、まず第一にあげなければならない点は、その墳丘がきわめて巨大なことであろう。日本列島で最大の古墳は、大阪府堺市の百舌《も》鳥《ず》古墳群にある大仙陵《だいせんりょう》古墳▲（現仁徳《にんとく》天皇陵）である。この古墳は、円丘に方形の突出部を付けた、これまた日本列島独特の前方後円形の墳丘をもつ前方後円墳であるが、その墳丘の長さだけでも四八六メートルもある。墳丘の周囲には水をたたえた周濠《しゅうごう》を三重にめぐらす。ただ一番外側の周濠は、本来前方部側の部分だけにコの字形に設けられ、後円部側にはおよんでいなかったらしい。さらに周濠の外側には、さまざまな形の陪塚《ばいちょう》▲とよばれる小規模な古墳が衛星のようにいくつも取り囲む。この陪塚が営まれる外域をも含むと、大仙陵古墳の墓域は約八〇ヘクタールにもおよぶ。

大林組のプロジェクトチームの試算によると、現在これだけの規模の古墳を古代の工法で造るとすると、一日あたり最高で二〇〇〇人、延べ六八〇万七〇

▼大仙陵古墳　日本列島で最大の墳丘規模をもつ前方後円墳で、五世紀前半〜中葉頃に造営された。現在仁徳天皇陵として宮内庁が管理しているが、五世紀初めの大王とされる仁徳とは年代があわないとする研究者もいる。現在天皇陵になっている古墳については、その比定が学問的には問題があるため、他の一般の古墳と同じように近世以来の地元での呼称、あるいは地名を冠してよぶようになっている。

▼陪塚　大規模な古墳の周りに計画的に配置された小規模な古墳で、主墳に対して従属的な性格をもつ。主墳の被葬者に一定の職掌をもって仕えた人、あるいは被葬者の近親者の墓と考えられているが、中には本来主墳に納めるべき特定の副葬品を納めた副葬品用陪塚もあるかもしれない。

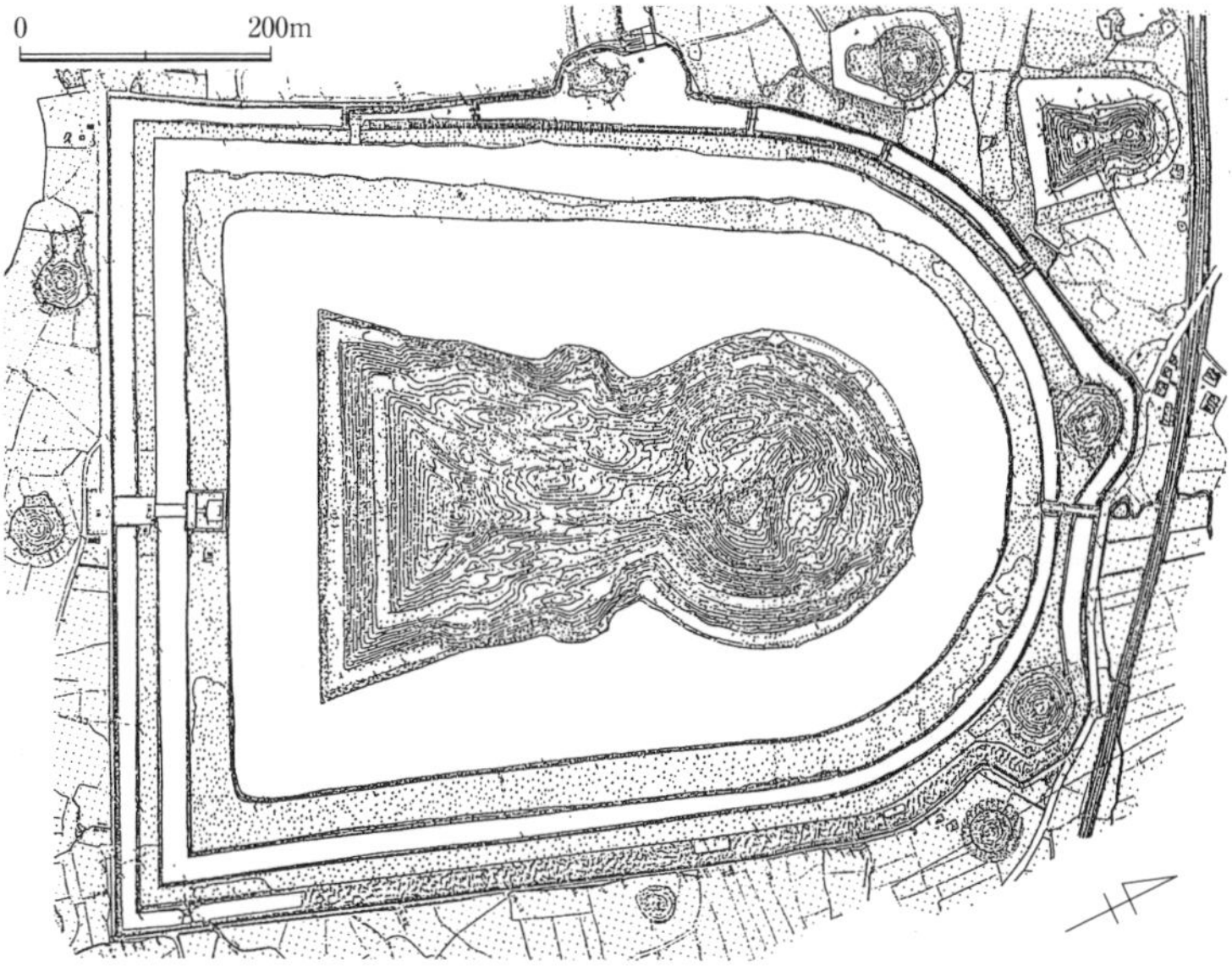

●—大阪府大仙陵古墳(現仁徳天皇陵)

●—韓国慶州の皇南大塚

▼**皇南大塚**　新羅の王族の墳墓群である慶州の皇南洞古墳群に所在する古墳で、円墳を連接させた双円墳(瓢形墳)。一九七三〜七五年に発掘調査が行なわれ、金冠をはじめとする豪華な副葬品が北墳・南墳のそれぞれから発見された。五世紀中頃の王と王妃の墓と考えられている。前頁写真参照。

〇〇人の作業員を動員して、工期は一五年八カ月、工費は七九六億円が必要になるという。この試算は、二重目の周濠までで、埴輪《はにわ》作りは含まれていないから、墓域全体や埴輪の樹立などを含むと、その見積もりはさらに増加するだろう。なお、最新の土木機械を駆使する現代工法で造営すると、延べ二万九〇〇〇人の作業員で工期は二年六カ月、工費は二〇億円に節減できるという。

この時代、お隣の朝鮮半島でも大きな古墳が数多く造られる。しかし、大仙陵古墳のように馬鹿でかいものは知られていない。朝鮮半島で最大の古墳は、新羅《しらぎ》の都慶州《けいしゅう》にある双円墳の皇南大塚《こうなんおおつか》▲で、その墳丘の長さは一二〇メートルにすぎない。日本列島では、先の大仙陵古墳を筆頭に、墳丘の長さが三〇〇メートル以上のものが七基、二〇〇メートル以上のものが三五基、一〇〇メートル以上のものになると三二六基にもなる。皇南大塚クラス以上のものは二百数十基を下らないということになる。これは、日本列島の古墳の規模がいかに大きいかを示すものにほかならない。

さらに注目されることは、日本列島ではそうした大規模な墳丘をもつ古墳が、のちに畿内《きない》とよばれる近畿地方の中央部にだけみられるのではなく、南九州の

●—岡山県造山古墳

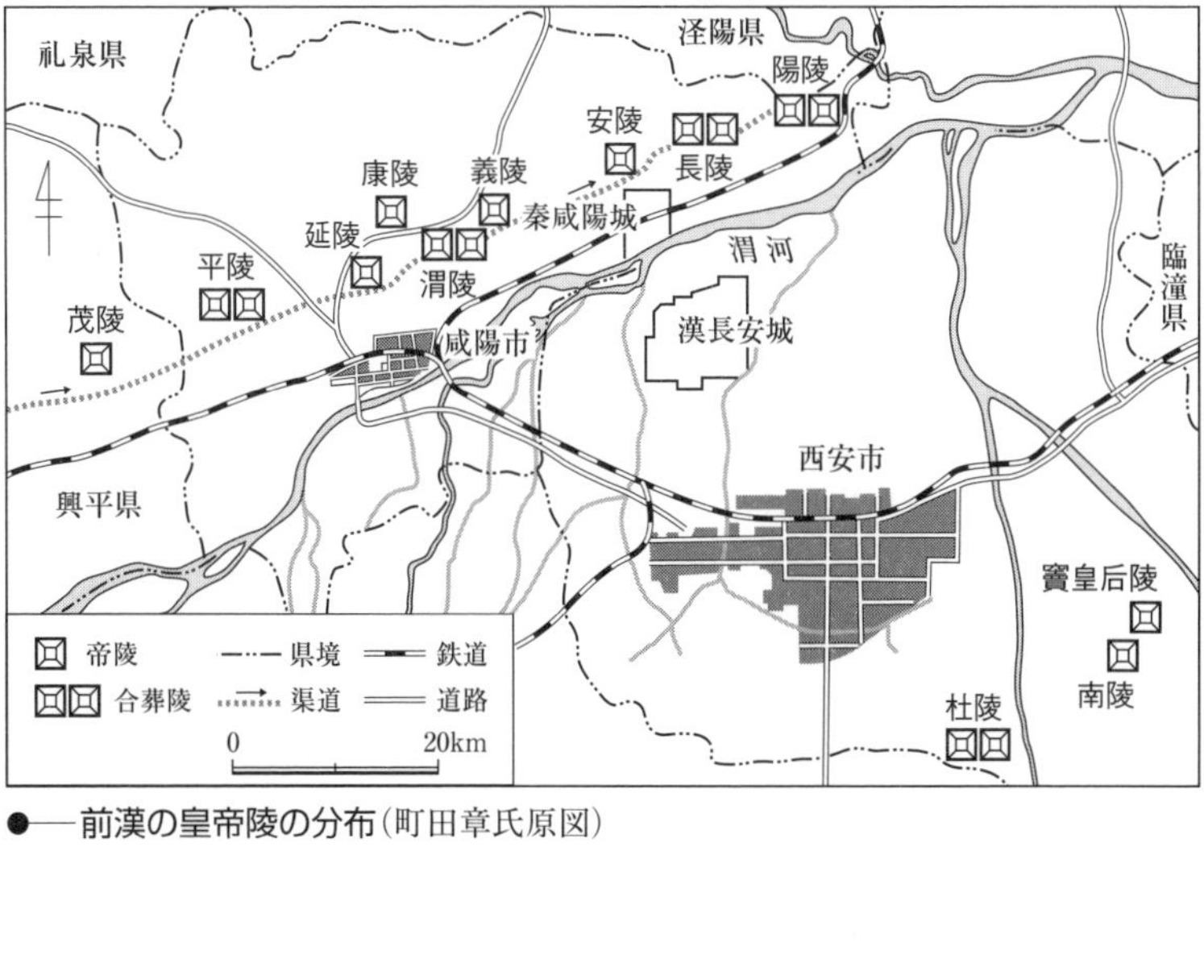

●—前漢の皇帝陵の分布(町田章氏原図)

宮崎県、中国地方の岡山県、関東の群馬県、東北の宮城県など、列島の各地に広くおよんでいることであろう。岡山市造山《つくりやま》古墳▲は墳丘長三六〇メートル、群馬県太田市の太田天神山《てんじんやま》古墳▲は墳丘長二一〇メートルの大型前方後円墳である。朝鮮半島の新羅では、大規模な古墳が王都の慶州に集中し、時代はさかのぼるが中国の前漢《ぜんかん》時代の巨大な皇帝陵が、都の長安《ちょうあん》城の郊外に集中するなど、大規模な古墳が王都に集中する中国や朝鮮半島でのあり方とは、大きな違いがみられるのである。

墳丘規模の違いとともに、埋葬《まいそう》のあり方もまた大きく異なる。埋葬施設の構造がそれぞれ地域によって異なるのはある意味では当然であるが、ただ日本の古墳、とりわけ前半期の古墳では、埋葬施設が小山のような墳丘の頂上部に営まれることも大きな特徴である。特に、埋葬施設がいずれも地下に営まれ、その上に大規模な墳丘を営む中国の場合とは大きな違いがある。日本列島でも、古墳時代の後半期には、朝鮮半島の影響をうけて横穴式石室《よこあなしきせきしつ》▲が営まれるようになるが、その場合も石室が地下に営まれることはなかった。

▼**造山古墳**　日本列島の古墳の中では第四位の墳丘規模をもつ。埋葬施設は未調査であるが、埴輪の型式などから五世紀初頭から前半の古墳であることが知られる。前頁写真参照。

▼**太田天神山古墳**　東日本で最大の墳丘規模をもつ古墳。前方後円墳で、周囲に二重の周濠をめぐらしていたことが調査により確認されている。埴輪の型式などから五世紀前半のものであることが知られる。

▼**横穴式石室**　羨道《えんどう》《せんどう》とよばれる通路と出入口をもつ古墳の墓室。古墳時代後半期に朝鮮半島の影響により成立した。構造的に追葬が可能なところが、竪穴式石室など竪穴系の埋葬施設と異なる。

副葬品とはなにか

中国や朝鮮半島の古墳と同じように、日本の古墳にも数々の品物が副葬《ふくそう》されている。副葬品の性格、すなわちその副葬品がなぜ副葬されているのか、その意味を解き明かすことは容易ではない。よく、古墳の副葬品は威信財にほかならないと説明される。古墳が基本的には支配者層の墳墓である以上、副葬品がその威信を示すものでもあることは当然であり、それだけではなんら説明したことにならない。古墳の埋葬施設から出土する品物には、①死者が身に付けていた衣服や玉類などの装身具類、②土器など葬送祭祀に用いられた品物、さらに、③特別に死者に添えられて納められた品物などがある。狭義の副葬品は、このうち③類に限定すべきであろう。

日本の古墳の副葬品としては、前期以来、鏡、鉄製武器・武具、鉄製農工具類が顕著にみられる。特に前期には多数の銅鏡を副葬する例が多く、京都府木津川市の椿井《つばい》大塚山《おおつかやま》古墳▲の三六面や奈良県天理市の黒塚《くろつか》古墳▲の三四面など、三十数面もの大量の鏡を副葬した例が、判明しているだけでも五指を下らない。この多数の銅鏡の副葬は、日本の古墳の大きな特徴である。特に朝鮮半島では

▼**椿井大塚山古墳**　JR奈良線により墳丘が大きく破壊されているため、本来の規模は不明であるが、墳丘長一六〇メートル前後の、古墳時代初頭の大規模な前方後円墳。竪穴式石室から三二面の三角縁神獣鏡を含む三六面の鏡などの副葬品が検出されている。

▼**黒塚古墳**　奈良盆地東南部の柳本古墳群に所在する古墳時代初頭の三世紀後半の前方後円墳。墳丘長一二八メートル。後円部の竪穴式石室内の木棺の内部から一面の画文帯神獣鏡が、棺外から三三面の三角縁神獣鏡が発見されている。扉写真参照。

鏡の副葬がそれほど顕著でないことと比較すると、大きな相違が認められる。

黒塚古墳では、竪穴《たてあな》式石室▲内に納められた長大な割竹形木棺《わりたけがたもっかん》の棺内の被葬者の頭部付近から一面の画文帯神獣鏡《がもんたいしんじゅうきょう》が、棺の周りからは三三面もの三角縁《さんかくぶち》神獣鏡が検出された。こうした、棺の周りに大量の鏡を立て並べる例は前期の古墳ではよくみられるが、これは死者の眠りを妨げるものがないようにとの願いをこめた辟邪、すなわち魔よけの機能を期待して納められたものらしい。黒塚古墳の場合は、それらの鏡の鏡面がいずれも棺のほうに向けられていたから、それは棺内の死者、あるいは死者の霊魂を封じ込める意図が大きかったのかも知れない。ただ椿井大塚山古墳の場合は、鏡面はすべて外側を向けて並べられていたようであるから、死者をまもる意味と死者から生者をまもるという双方の意味をもっていたのであろうか。

棺の外に立て並べられた大量の鏡は、魔よけの呪具《じゅぐ》としての意味が大きかったと思われるが、そうした被葬者をまもる大量の鏡の副葬は中期になるとほとんどみられなくなるが、ただ棺内の被葬者の頭部付近に一〜三面程度の鏡を副葬する風習は、前期以来後期に至るまで連綿と続く。そのことは、六世紀末葉

▼**竪穴式石室**　古墳の頂上部に掘られた土壙《どこう》内に安置された棺の周りに石材を積み上げて四壁を作り、天井石を並べ、さらに粘土を厚く被覆して埋めた埋葬施設。のちの横穴式石室のようにあらかじめ石の部屋を作ってそこに埋葬を行なうものではなく、あくまでも棺を保護し、あるいは封じ込めるための施設。

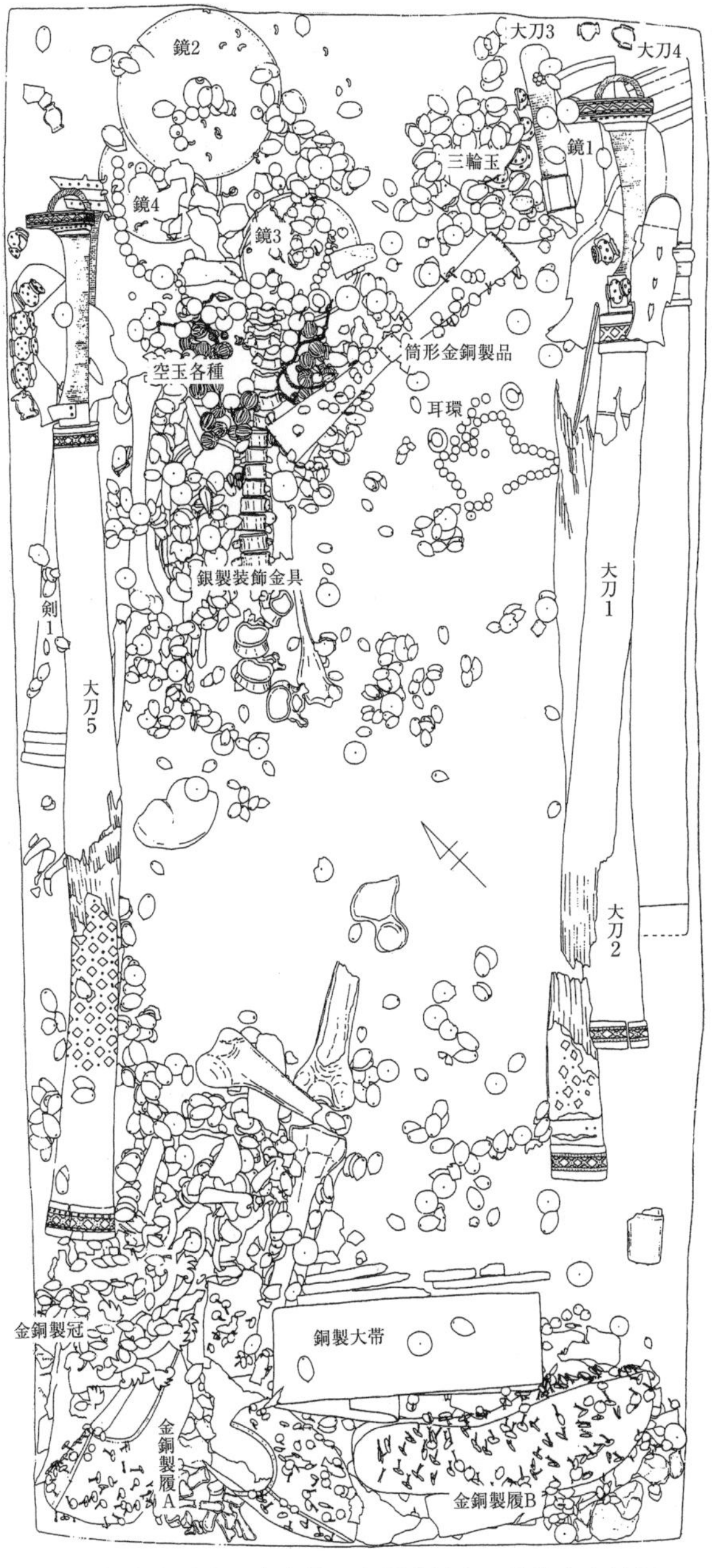

●—奈良県藤ノ木古墳の家形石棺内の遺物出土状況

▼**藤ノ木古墳**　法隆寺の西方に位置する古墳時代後期の六世紀後半の径四〇メートルあまりの円墳。横穴式石室内の家形石棺から二体の若い男性の遺骸が発見され、豪華な馬具や倭風の飾り大刀などが検出されている。前頁図版参照。

に近い時期の古墳である奈良県斑鳩《いかるが》町の藤ノ木《ふじき》古墳▲の棺内から発見された二人の被葬者が、一人は三面、もう一人は一面の鏡を頭部に副葬していたことからも知られよう。この棺内の鏡こそ、前期後半から中期の古墳に副葬される腕輪《うでわ》形石製品と同じように、神をまつる司祭でもあった古墳被葬者の職能にかかわる持ち物であったと思われる。

鏡とともに日本の古墳の副葬品として顕著にみられる鉄製武器・武具は、棺外の鏡と同じように魔よけの呪具としての意味が大きかったのではなかろうか。もちろん、被葬者の身分を象徴する、まさに威信財としての意味をもつものも含まれていたことはいうまでもない。一方、鉄製農工具は農耕儀礼の司祭者としての被葬者の性格を象徴する副葬品ととらえてよいのではなかろうか。前期古墳では、斧《おの》・刀子《とうす》・やりがんな・鎌《かま》・鋤《すき》など実物の鉄製農工具が納められていたのが、前期末から中期には石で模造した石製模造品が副葬されるようになり、鉄製品も雛型《ひながた》品化するものが多い。そして雛型品化した農工具の副葬は後期にまで続くのである。

このように狭義の副葬品の中にも、神をまつる司祭者でもあった被葬者の職

▼明器・泥像　古代中国で、墓主の死後の生活に必要な品物を土で作り墓に納めたものが明器である。また、その死後の生活を助ける人々を土や木で作り、墓に納めたものが泥像。

能を象徴する鏡や農工具、あるいはその模造品、飾《かざ》り大刀《たち》や豪華な馬具など被葬者の身分を表現する威信財、さらに被葬者をまもるための魔よけの呪具などさまざまな性格のものが含まれており、その構成は複雑である。ただ、それらの副葬品の中に、中国の古代の墳墓に広くみられる明器《めいき》・泥像《でいぞう》▲の類がまったく見出せないことは重要である。

漢《かん》代以降、隋《ずい》・唐《とう》代に至る中国の墳墓には、死者の死後の生活に必要な家屋・倉庫・厨房《ちゅうぼう》・竈《かまど》・井戸・便所・水田などのミニチュアである陶製の明器や、死者に死後も仕えるさまざまな役割をもった人々の人形である泥像が納められている。これは、古代の中国の人々が、来世も現世の延長にほかならないという来世観をもっていたことを物語る。それに対し日本列島では、来世は必ずしもこの世の延長とは考えられていなかったことを示唆するものであろう。

箸墓古墳の造営と祭祀

このように、日本の古墳を中国や朝鮮半島の墳墓と比べると、共通するところとともに、相違点もまたきわめて多いことが明らかになる。日本の古墳の特色のうち、死者を地下にではなく、小山のような墳丘の頂き近くに葬ったり、また神経質なくらい厳重に死者を石材や粘土で封じ込めたり、魔よけの機能をもつと信じられた多数の銅鏡でまもったり、さらに明器・泥像の類がまったく見出せないことなどは、日本列島に住んだ人々の特異な来世観・世界観を反映するものであろう。

一方、その墳丘の規模があまりにも巨大であること、さらにそうした大規模な墳丘をもつ古墳が近畿地方だけではなく、広く日本列島の各地にみられることは、単に日本列島に住んだ人々が特異な来世観をもっていたというだけでは説明が困難である。それは、おそらく古墳の被葬者である首長たちが構成していた首長連合の特異な政治秩序と関係するものと思われるのである。次にこの点について、さらに具体的な古墳造営のあり方から考えてみよう。

奈良盆地東南部の奈良県桜井市には、コニーデ形の秀麗な三輪《みわ》山がある。この山は古くから神の住む山として崇められ、現在もその西麓に大神《おおみわ》神社が鎮座するが、この神社では今も拝殿はあるが本殿はなく、山そのものが御神体にほかならない。この三輪山の北西麓の桜井市箸中《はしなか》には、墳丘長二八〇メートルの

●——奈良県箸墓古墳

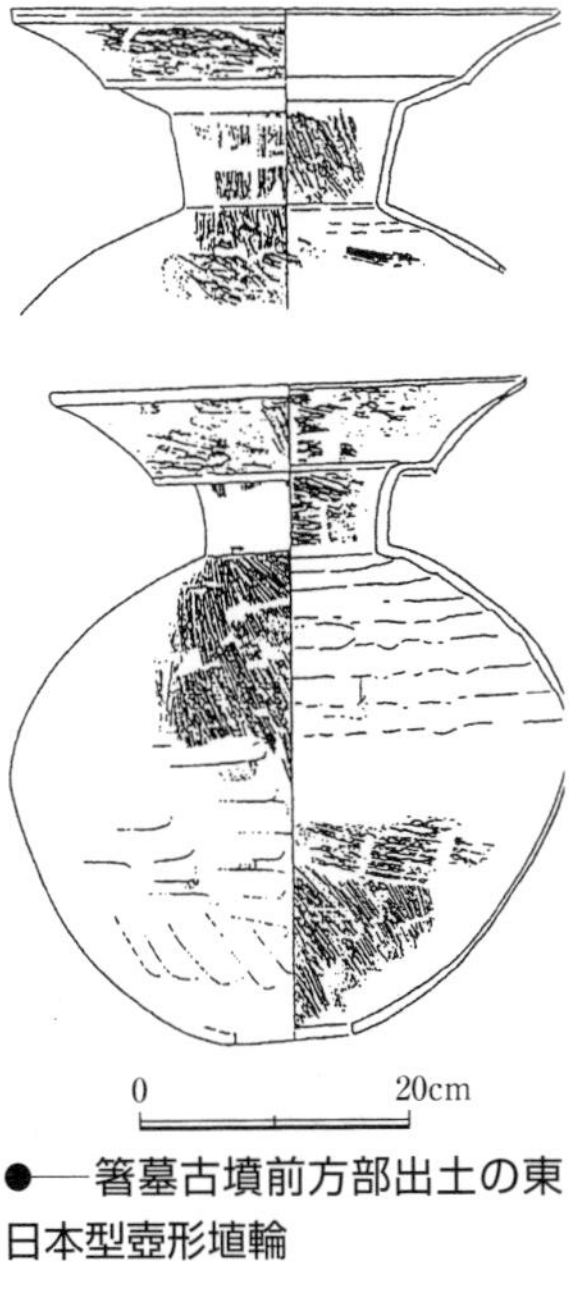

●——箸墓古墳前方部出土の東日本型壺形埴輪

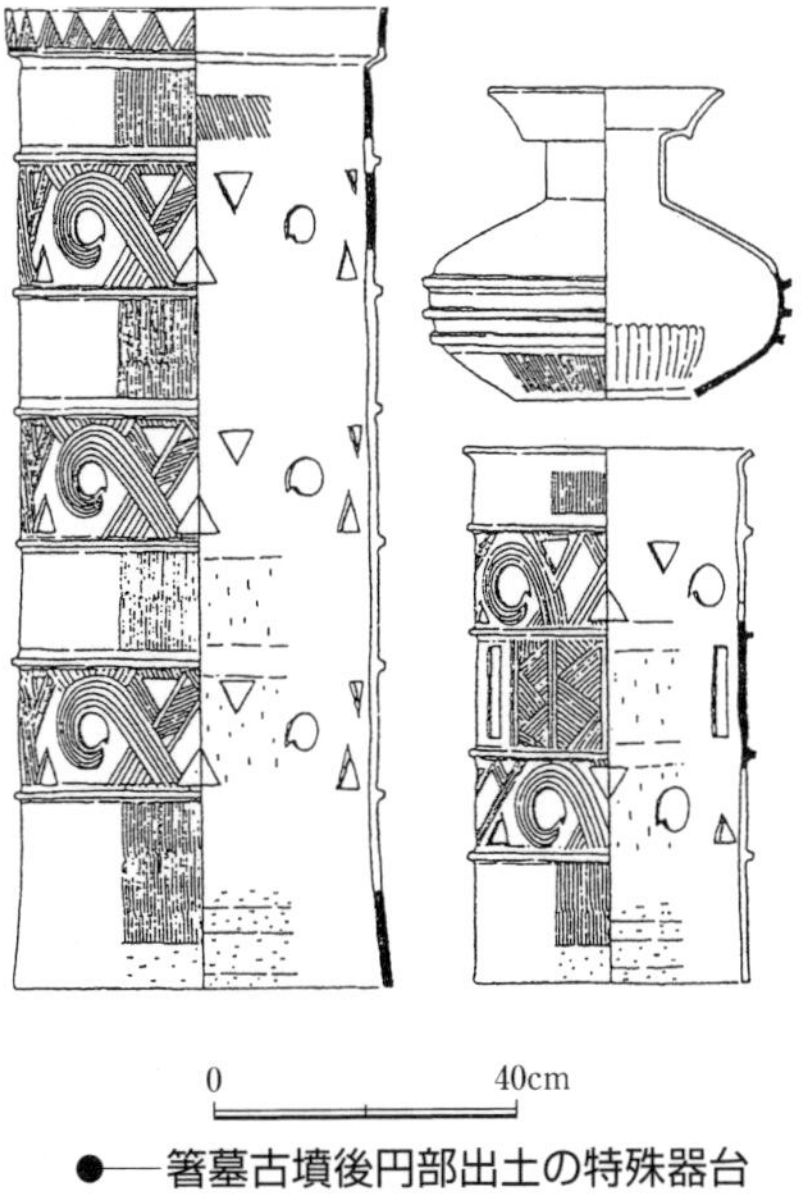

●——箸墓古墳後円部出土の特殊器台形埴輪と壺形埴輪

大型前方後円墳の箸墓《はしはか》古墳▲が営まれている。『日本書紀』は、おそらくこの古墳のことと考えられる「大市《おおいち》の箸墓」を、崇神《すじん》天皇の叔母で三輪山の神オオモノヌシに仕えた巫女のヤマトトトヒモモソヒメの墓とし、その神婚譚とともに「昼は人が作り、夜は神が作」ったこと、大坂山の石を「人民相踵《つ》ぎて、手逓伝《たごし》に」して墓まで運んだことを伝えている。

この箸墓古墳は最近の研究では、定型化した大型前方後円墳の中でももっとも古い段階の、まさに出現期の古墳と考えられており、筆者らはその造営年代を三世紀の中葉すぎと考えている。ところで、この古墳の後円部の墳頂部には、弥生時代後期に吉備《きび》地方(岡山県と広島県の東部)の首長墓に供献されていた特殊器台《きだい》・特殊壺の系譜を引く特殊器台型埴輪・特殊壺型埴輪が立て並べられていたことが明らかにされている。一方、その前方部の頂部には、やはり弥生時代終末期の濃尾《のうび》平野の首長墓に供献されていた二重口縁の加飾壺形土器の系譜を引く、底部を焼く前から穿孔《せんこう》した壺形埴輪が並べられていた。前者はこれ以降、円筒《えんとう》埴輪・壺形埴輪として定着していくものであり、後者も古墳時代前期には東日本各地の古墳に広くみられる東日本型の壺形埴輪と同じものである。

▼**箸墓古墳**　三世紀中葉から後半の出現期の前方後円墳の中で最大の規模をもつ古墳。宮内庁がヤマトトトヒモモソヒメの大市墓として管理している。最近の調査で周囲に幅一〇メートル程度の周濠が設けられていたことが明らかになった。前頁図版参照。

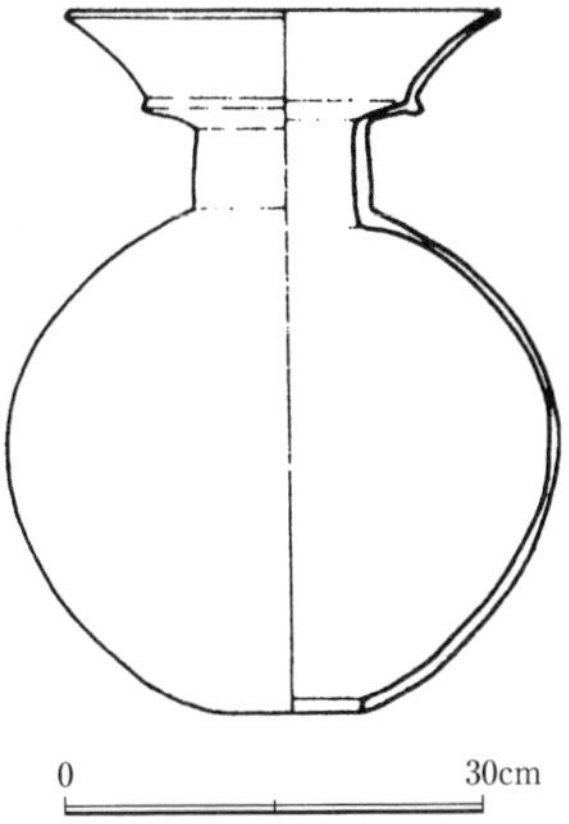

●—奈良県外山茶臼山古墳出土の東日本型壺形埴輪

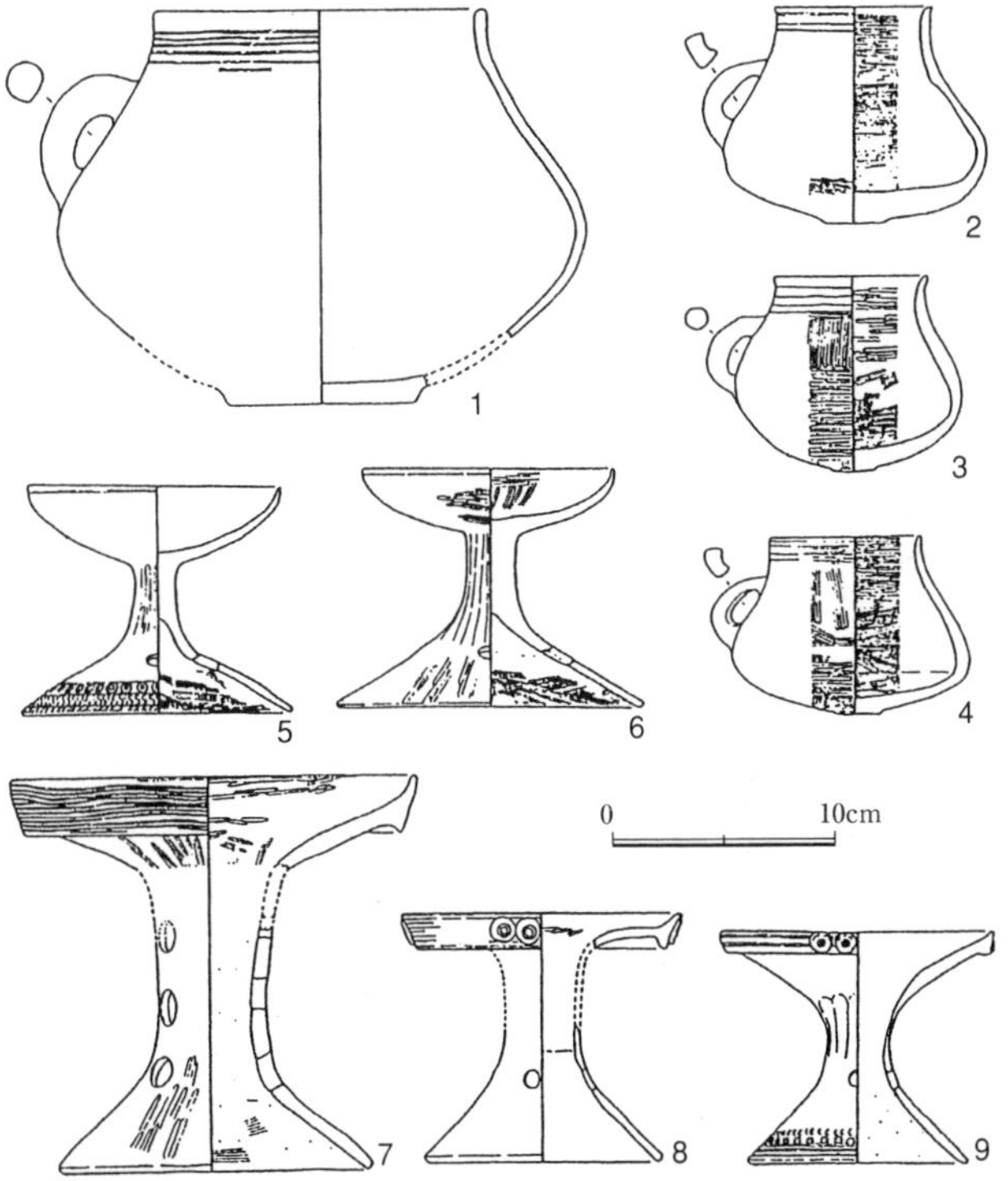

●—島根県西谷3号墓出土の山陰東部の土器　1～4：把手付短頸壺　5・6：高杯　7～9：器台

すなわち、日本列島で最初に造営された大型前方後円墳である箸墓古墳では、後円部では吉備の首長が関係して吉備型の埴輪を用いた葬送祭祀が行なわれたのに対し、前方部ではおそらく濃尾平野の首長が関係して東海系の葬送祭祀が行なわれたことが推測される。その後近畿地方では、しだいに吉備型の円筒埴輪・壺形埴輪が多くの古墳に用いられるようになるが、やはり古墳時代前期前半の大型前方後円墳である桜井市の外山《とび》茶臼山《ちゃうすやま》古墳▲（墳丘長二〇〇メートル）では、後円部上に東日本形の壺形埴輪が立て並べられている。

こうした、古墳の造営や葬送祭祀に際して、遠隔地の首長が参画することは、古墳時代以前の弥生時代後期の大型墳丘墓においても認められる。四隅突出《よすみとっしゅつ》型墳丘墓である島根県出雲《いずも》市の西谷《にしだに》三号墓▲の二つの中心的な埋葬施設の上部から、地元の出雲西部の土器とともに山陰東部の土器や吉備地方の特殊器台などが出土しており、山陰東部や吉備の首長が出雲西部の首長の葬送儀礼に参加していることがうかがえる。ただ箸墓古墳の場合は、単に吉備や濃尾平野の首長が葬送儀礼に参加するにとどまらず、古墳の施設の一部を構成する埴輪の製作やその古墳への樹立にも関係しているものと想定され、古墳造りの一部を分担

▼外山茶臼山古墳　桜井市鳥見山の北麓に位置する、前期前半の三世紀末葉~四世紀初頭頃の前方後円墳。桜井茶臼山古墳ともよばれる。盗掘をうけていたが、後円部の竪穴式石室から玉杖、玉類、銅鏡片、鉄製武器類、鉄製農工具類、石製品類などが出土している。

▼西谷三号墓　弥生時代後期の一辺四〇×三〇メートルの四隅突出型墳丘墓。墳頂の平坦面からは、二つの並列する大規模な埋葬施設がみつかっている。ともに板材を組み合わせた木棺を板材で保護した木槨墓が大きな土壙内に営まれており、ガラスや碧玉製の玉類と鉄剣などが出土した。二つの埋葬施設の上からは葬送儀礼に用いられた大量の土器類が出土し、一方の埋葬施設の上部には四本の太い柱の建物が建てられていた。

している可能性が考えられる。それは単に埴輪の製作や樹立にとどまらず、墳丘の築成や葺石《ふきいし》の石材採取やその施工などにも各地の首長が参加している可能性が大きいことを推測させるのである。

遠隔地から運ばれた石材や石棺

古墳の造営に他の地域の首長が参加したことをうかがわせる材料は、初期の埴輪だけにとどまらない。前期古墳の竪穴式石室の石材が遠隔地から運ばれた例は少なくない。たとえば奈良盆地東南部の天理市大和《おおやまと》古墳群、同柳本《やなぎもと》古墳群などの前方後円墳・前方後方墳《ぜんぽうこうほうふん》の竪穴式石室の石材は、いずれも大阪府中部(河内)の柏原《かしわら》市芝山の玄武岩《げんぶがん》や羽曳野《はびきの》市の春日山の輝石安山岩《きせきあんざんがん》が運ばれ、また大阪府茨木市の紫金山《しきんざん》古墳▲や神戸市の西求女塚《にしもとめづか》古墳▲には徳島県産の結晶片岩《へんがん》がもたらされているらしい。さらに岡山県の前期前半の主要古墳には、香川県北部の古銅輝石安山岩が用いられている。これらの中には、より近くに適当な石材を求めることができるにもかかわらず、特定の地域から石材を運んでいる例も少なくなく、単に石材の供給だけではなく、竪穴式石室の造営そのものが、

▼紫金山古墳　墳丘長一〇〇メートルの前方後円墳とされるが、前方後方墳である可能性もある。後円部の竪穴式石室やその付近から三角縁神獣鏡一〇面(うち三面は従来仿製三角縁神獣鏡とよばれていたもの)、方格規矩四神鏡一面、勾玉文鏡一面のほか鍬形石《くわがたいし》、石釧《いしくしろ》、鍬形石の祖形の貝輪、玉類、鉄製武器・武具、鉄製農工具など大量の副葬品が出土している。前期中頃の古墳である。

▼西求女塚古墳　墳丘長約一〇〇メートルの前方後方墳。後方部にある竪穴式石室は慶長の大地震(一五九六年)の際の断層により大きく破壊されていたが、その石材は地元のものだけではなく、徳島県や和歌山県から運ばれたものが含まれている。副葬品には七面の三角縁神獣鏡を含む一二面の銅鏡、紡錘車形石製品、鉄製の武器・農工具・漁具などが出土しており、前期初頭の古墳である。

石材産出地の首長の手によって行なわれた可能性も想定されるのである。

　石棺《せっかん》の場合は、さらに遠隔地で製作されたものが運ばれている。前期中頃の大阪府柏原市安福《あんぷく》寺の割竹形石棺（同市玉手山《たまてやま》三号墳出土と伝えられる）は、香川県高松市の鷲《わし》の山《やま》の石英《せきえい》安山岩質凝灰岩《ぎょうかいがん》製であり、また前期末から中期にかけて熊本県の阿蘇《あそ》溶結凝灰岩製の舟形《ふながた》石棺▲が、岡山・香川両県、さらに近畿地方各地の古墳に運ばれている。このうち熊本県の阿蘇溶結凝灰岩製の舟形石棺は、菊池川の下流域、宇土《うと》半島の基部、氷《ひ》川下流域の三カ所で製作されるが、それぞれの製作地で作られる石棺の形態が異なっている。このことからも、これらの舟形石棺はそれぞれの石材の産出地で製作され、その地の首長の手によって遠隔地の古墳に運ばれたことが想定できるのである。

　同じ前期末から中期には、近畿地方や吉備地方の大型前方後円墳ではいずれも長持形《ながもちがた》石棺が採用されるが、その多くは兵庫県高砂市竜山《たつやま》の流紋岩《りゅうもんがん》質凝灰岩である。この竜山石製の長持形石棺には、その形態や製作技法に共通性が認められ、いずれも播磨《はりま》（兵庫県西南部）の首長が製作に関与し、奈良県や大阪府の古墳まで運んだものであろう。さらに関東地方で最大の前方後円墳である群馬

▼**舟形石棺**　丸太を半裁して内部を刳りぬいた割竹形木棺を石で作った割竹形石棺から変化したもので、棺蓋の頂部と棺身の底部が平坦になったものをいう。舟の形に似るのでこの名があるが、必ずしも舟を模したものではない。

●—大阪府安福寺の割竹形石棺

●—群馬県お富士山古墳の長持形石棺

▼お富士山古墳　墳丘長一二五メートルの中期前半の前方後円墳。埋葬施設の実態は不明であるが、この古墳のものと判断される長持形石棺が現在後円部上におかれている(前頁写真参照)。

県太田市の太田天神山《てんじんやま》古墳や同伊勢崎市のお富士山《ふじやま》古墳▲の長持形石棺は、石材は群馬県産のものであるが、その形態や石工技術は明らかに竜山石製の長持形石棺と共通する。すなわち、竜山の工人が関東に赴いて製作したものであることは疑いない。

このような石棺の製作と運搬については、讃岐《さぬき》(香川県)・播磨・肥後《ひご》(熊本県)などの首長が関与したことは疑いないと思われる。従来、それらはすべて近畿中央部のヤマト王権の指示によるものとする理解が一般的であったが、すべてが近畿中央部に運ばれているわけではないことからも、むしろ、それぞれの首長の主体的な意思にもとづく行為である側面が大きいと考えるべきであろう。木棺の場合は遺存する例も少なく、残っていてもその製作地を割り出すことは困難であるが、石棺の例から類推すると、複数のコウヤマキの良材の産地の首長が製作・運搬を担当した可能性も当然考えられよう。

共に造るもの

古墳に副葬されているさまざまな副葬品のうちには、前期の銅鏡や前期後半

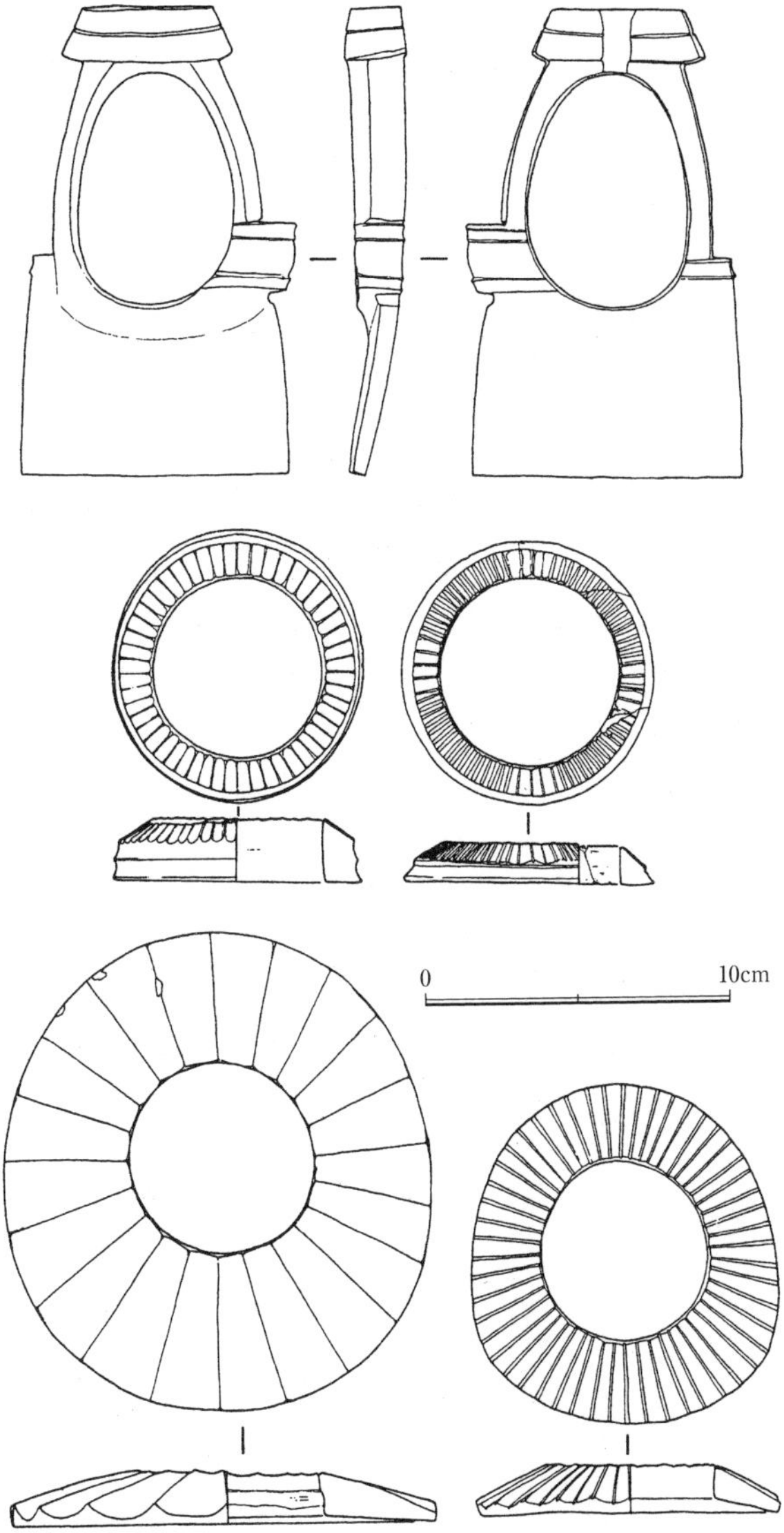

●―奈良県川西町島の山古墳出土の腕輪形石製品　上：鍬形石―弥生時代に用いられたゴホウラとよばれる南海産の巻貝を縦切りにした，男性用の貝輪を模したもの。中：石釧―イモガイを輪切りにした，女性用の貝輪を模したもの。下：車輪石―オオツタノハの頂部を切り取った，子供用の貝輪を模したもの。

から中期にかけての腕輪形《うでわがた》石製品など、一般の集落遺跡などから出土することは稀で、もっぱら古墳から出土する遺物がある。それらの多くは、まさに埋葬用の呪具としての性格をもつものであったと思われる。従来はそれらについても、近畿中央部のヤマト王権ないしはその指示によって製作され、分配ないし下賜《かし》されたものとするのが一般的であった。ただ初期の埴輪、竪穴式石室、石棺などの製作・運搬・構築などのあり方について先のような理解が可能だとすれば、こうした特殊な副葬品の製作・供献についても、必ずしもヤマト王権からの一元的な配布と考える必要はなくなる。

銅鏡の場合は、中国鏡についてはその入手をヤマト王権が担当し、また倭鏡《わきょう》についても高度な鋳造技術を掌握していたヤマト王権がその鋳造を担当した可能性は大きい。ただ鍬形石《くわがたいし》・石釧《いしくしろ》・車輪石《しゃりんせき》などの腕輪形石製品は、いずれも弥生時代の九州で盛んに用いられた南海産の貝輪《かいわ》を、四世紀になって緑色の石で模倣して作るようになったものである。その多くは、緑色凝灰岩の産地である北陸の加賀(石川県)地方で生産されたものと考えられている。ただその場合、ヤマト王権の指示により加賀で生産され、その分配はヤマト王権によってなされたとする理解が多かったが、むしろ加賀の首長がその製作や供給を担当したと考えるほうが自然ではなかろうか。

古墳を弥生時代後期に各地に営まれる大型の墳丘墓と比較した場合、もっとも大きな差異は、古墳には地域色がほとんどみられず、その内容がきわめて画一的であることである。こうした古墳の画一性については、それがヤマト王権の指示ないし承認による造営の結果と考える人が多い。研究者の中にはその設計企画ないし設計図のヤマト王権からの下賜を主張する人すらみられた。

古墳の造営秩序が一元的であることは認めるべきであるが、それがすべてヤマト王権の指示の結果によると考えるのはいかがであろうか。三〜四世紀のヤマトの政治勢力に、日本列島各地の首長やその配下の人たちのすべての古墳造営を統制し、指導するような能力があったとは到底考えがたい。むしろ古墳は各地の首長が、彼らの間で合意されていた一定の秩序と企画にもとづいて、「共に造るもの」であったと考えられるのである。日本列島の古墳は、その規模が異常に大きく、また大規模なものが列島の各地にみられるのは、こうした日本列島各地の首長連合の政治秩序にもとづいて、各地の首長たちが共同でその造営を行なうという特異なシステムが生み出した必然的な結果にほかならないと思われるのである。

共通の祭祀的基盤

このように、日本の古墳が東アジア世界でも規模が異常に大きく造営された背景として、日本列島の首長たちの間に形成されていた特異な首長同盟の政治秩序が存在したと考えざるをえない。むしろ、この首長同盟の特異な構造こそが、異常ともいえる巨大な古墳を生み出したのであろう。そしてこの首長同盟を成立させていたのは、彼らの間に共通の政治・経済的利害があったためであり、また彼らが共通の祭祀を媒介とする共通の宗教的基盤をもっていたためであろう。前者の政治・経済的利害については、この首長同盟の形成過程をふまえて次章で検討したいが、共通の祭祀的・宗教的基盤について考えるうえに興味深い材料が最近相次いでみつかっている。それは、大阪府羽曳野市の狼塚《おおかみづか》古墳、同八尾市の心合寺山《しおんじやま》古墳、三重県松阪市の宝塚《たからづか》一号墳▲などで検出されている、内部に水の祭祀のための施設をもつ囲形《かこいがた》埴輪である。

▼**宝塚一号墳**　前方部を東に配した墳丘長一一一メートルの中期前半の前方後円墳。北側のくびれ部に陸橋で墳丘とつながる方形の造出しが営まれており、その上や周辺から家形・囲形(三〇頁写真参照)・船形・蓋形・冠形・盾形・靫形などの形象埴輪が出土している。

宝塚一号墳は中期前半の五世紀初め頃の、墳丘長一一一メートル、前方部を東に配した伊勢(三重県東北部)地方では最大の前方後円墳である。その北側に設けられた造出《つくりだ》しの周辺から、大刀《たち》・蓋《きぬがさ》・威杖《いじょう》などの立ち飾りをもつ船形埴輪などとともに、囲形埴輪で囲まれた覆屋《おおいや》の内部に導水施設、あるいは井戸をもつ特異な形象埴輪が検出されている。また狼塚古墳▲は、大阪市羽曳野市の誉田《こんだ》御廟山《ごびょうやま》古墳(現応神《おうじん》天皇陵)の北側に接して営まれた、中期中頃の五世紀前半の帆立貝式《ほたてがい》古墳である。日本列島では大仙陵古墳に次いで第二位の墳丘規模をもつ誉田御廟山古墳の陪塚と考えられる。そのくびれ部から、八個の囲形埴輪で周りを囲い、内部には玉砂利を敷き、その中央に導水施設のミニチュアを配した特殊な遺構が検出された。

導水施設を内部にもつ囲形埴輪は、心合寺山古墳でも検出されているが、それらは奈良県桜井市の纒向《まきむく》遺跡や同御所《ごせ》市の南郷大東《なんごうおおひがし》遺跡などで検出されている浄水祭祀のための導水遺構を埴輪化したものにほかならない。それが囲形埴輪やその内部の覆屋の中に設けられているのは、それが古墳の被葬者が秘儀として執り行なう祭祀にほかならなかったことを示している。こうした共通の浄

▼**狼塚古墳**　古市古墳群の誉田御廟山古墳の前方部の前面に営まれた小型の古墳で、誉田御廟山古墳の陪塚と考えられる。すでに墳丘は失われていたが、発掘調査で径二八メートルの円墳に造出しが付く帆立貝式古墳であることが確認された。造出し北側のくびれ部で、浄水祭祀場を埴輪で表現した施設が検出されている。

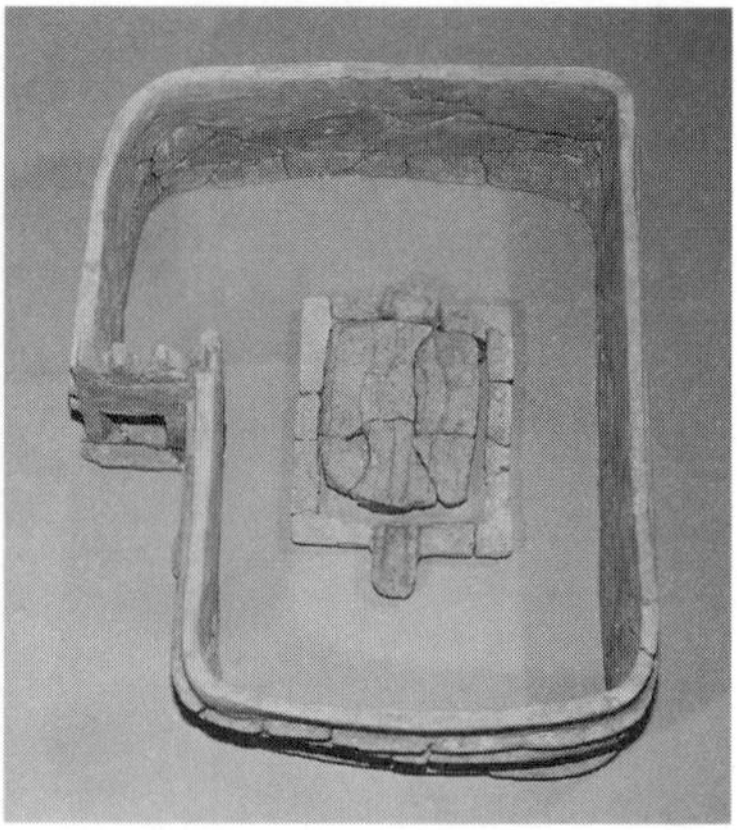

●—三重県宝塚１号墳出土の導水施設をもつ囲形埴輪　右は覆屋の内部の導水施設。

●—奈良県明日香村酒船石遺跡の湧き水祭祀遺構

水祭祀の埴輪の検出は、列島各地の首長が共通の水の祭祀を行なう司祭でもあったことを如実に物語るものであろう。

狼塚古墳を誉田御廟山古墳の陪塚と判断してよければ、その祭祀は、まさに首長同盟の盟主にほかならない大王がかかわる祭祀でもあったことを示している。奈良県明日香《あすか》村でみつかり、大きな話題となった酒船石《さかぶねいし》遺跡の亀形石槽《かめがたせきそう》を配した湧き水祭祀の遺構もまた、七世紀の大王がこうした伝統的な水の祭祀の司祭にほかならなかったことを物語るものであろう。

日本の古墳、とりわけ近畿中央部の巨大古墳が、水をたたえた周濠をめぐらすことも他の東アジアの古墳にはみられない特色である。これもまた水稲農耕を基盤とし、水の祭祀と不可分な日本列島の首長権や王権の特異な性格を示すものにほかならない。先にも述べたように日本の古墳の副葬品には、前期から後期に至るまで鏡とともに鉄製農工具が顕著にみられる。これまた、古墳の被葬者が農耕儀礼の司祭でもあったことを示すものにほかならない。こうした水の祭祀をはじめとする農耕祭祀をつかさどるものとしての共通の祭祀的・宗教的基盤が、古墳時代の首長同盟の背後に存在したことは疑いなかろう。

②——古墳とヤマト政権

古墳の出現

前章では日本列島の古墳が、古代東アジア世界の中でもとりわけ巨大であり、その分布も列島の各地に広くおよんでいること、またその内容にも強い独自性があることを述べた。さらに、その異常とも思える規模と数の多さは、当時列島内に形成されていた首長連合の特異な構造と密接に関係し、まさに各地の首長たちが「共に造るもの」であったと考えられることを指摘した。それでは各地の古墳の具体的なあり方から、当時の首長連合の構造やその変化の過程をどのように復元できるのであろうか。本章では、このことを考えてみることにしよう。

第二次世界大戦後における考古学的な調査・研究の進展の結果、日本列島ではすでに古墳時代以前の弥生時代にも墳丘をもつ墳墓が、相当広範囲に営まれていたことが明らかになってきた。特に弥生《やよい》時代の終わり頃になると、もう古墳とよんでも一向に差し支えないような大きな墳丘をもつ墓が各地に出現して

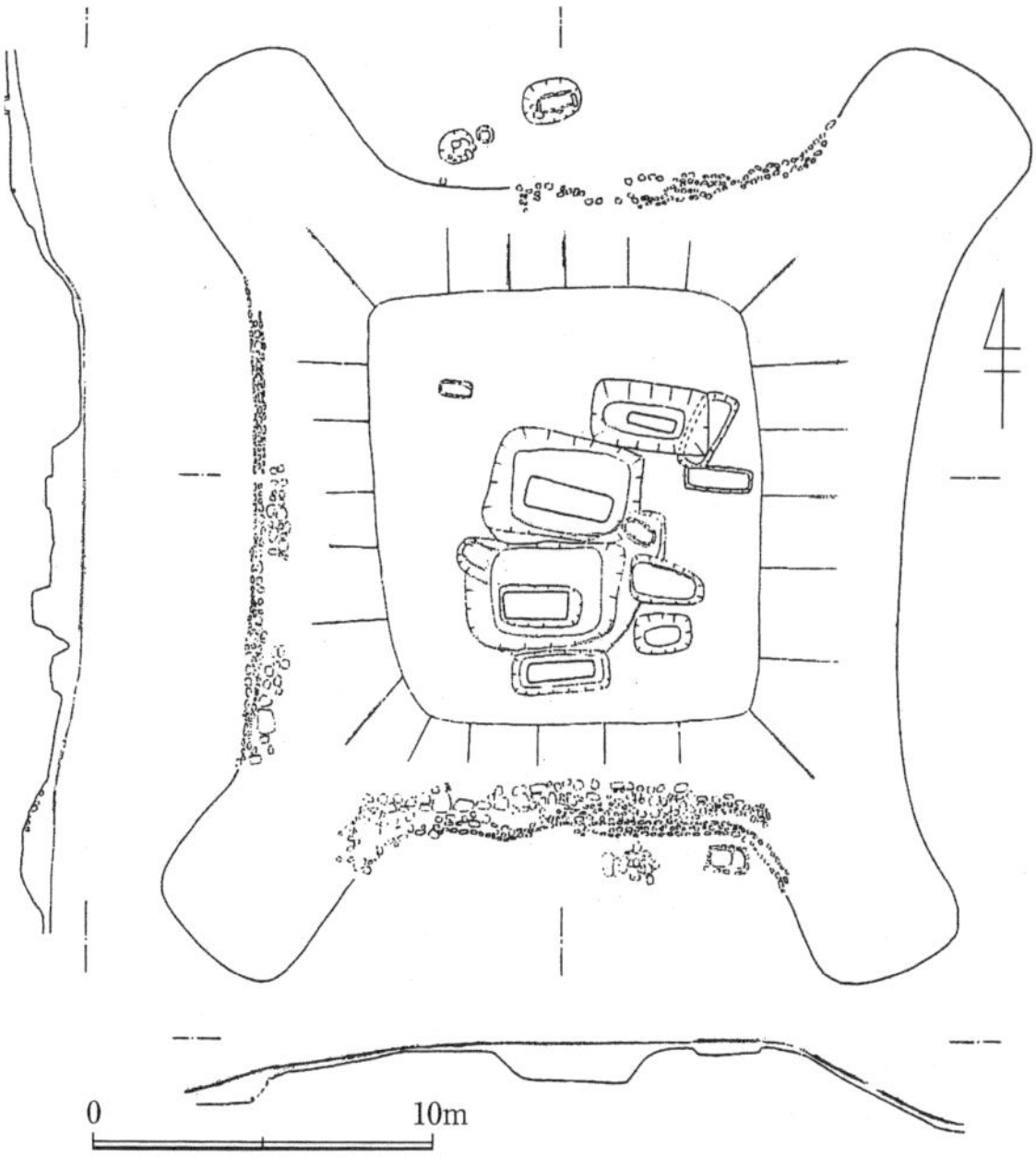

●──四隅突出型墳丘墓(島根県安来市仲仙寺10号墓)

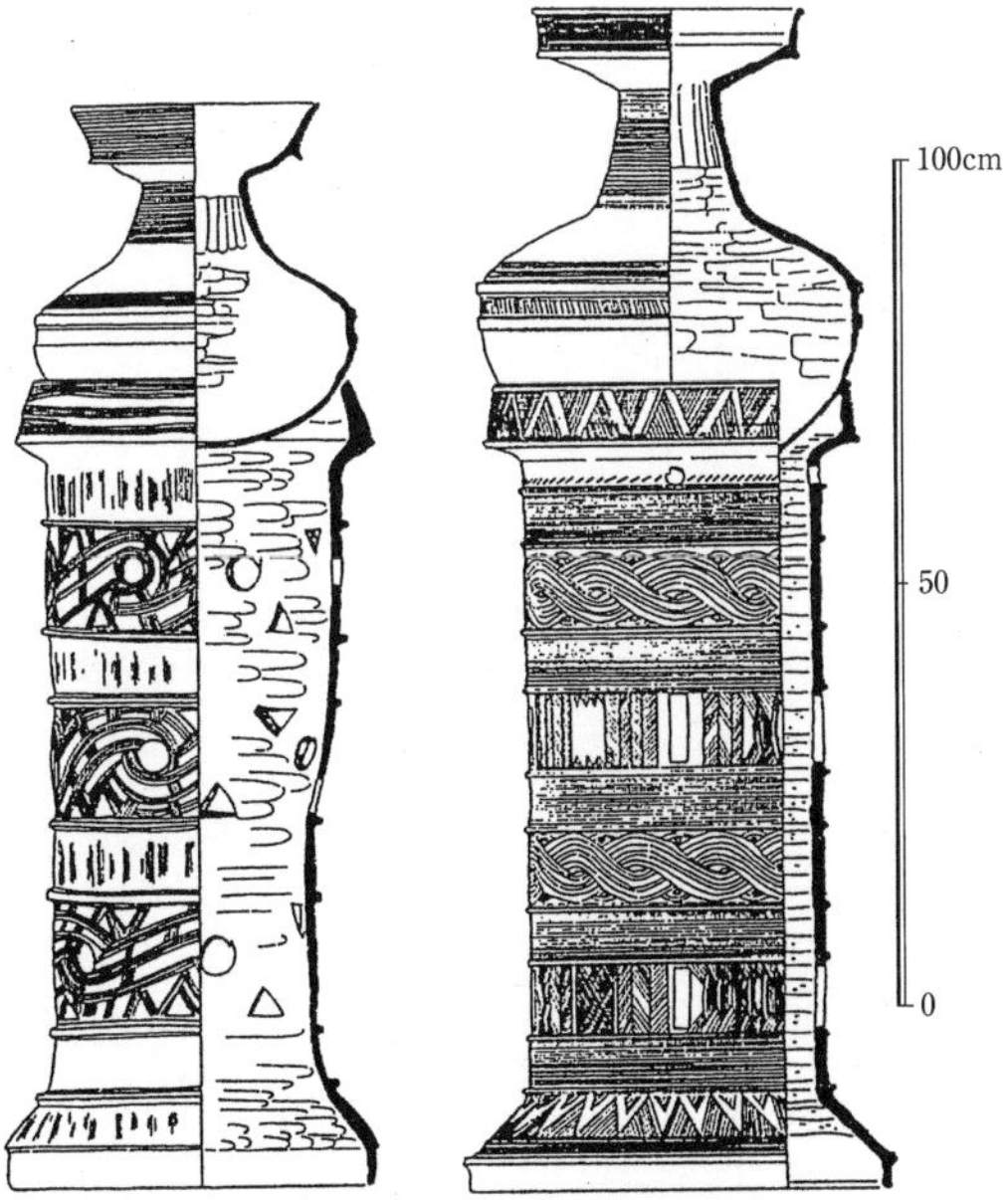

●──特殊壺と特殊器台　右：岡山県中山遺跡
左：岡山県宮山墳丘墓

くる。たとえば山陰地方から一部北陸地方にかけての地域では、方形の墳丘墓《ふんきゅうぼ》の四隅《よすみ》を突出させた、四隅突出型墳丘墓とよばれる特異な形態の首長墓が数多く営まれる。その中には一辺が四〇〜五〇メートルをこえるような大型のものが営まれた地域もいくつかみられる。このことは、弥生時代終末期の山陰地方から一部北陸地方にかけての地域では、その地域内の有力な首長たちが共通の様式の墳丘墓を営んでいたことを示すものにほかならない。

また岡山県を中心とする吉備《きび》地域には、岡山県倉敷市楯築《たてつき》墳丘墓▲のように、円丘の相対する二方に突出部をもつ長さ八〇メートルの大型墳丘墓がみられる。この地域の墳丘墓の墳形はさまざまであるが、前章でもふれたように、それらにはこうした有力な首長の墓に供献するために特別に立派に作られた特殊壺とそれを載せる特殊器台が伴っており、やはり有力な首長たちの間で共通の葬送儀礼が行なわれていたことが知られるのである。この特殊壺・特殊器台の分布地域は、一部出雲などにもみられるが、基本的にはのちの備前《びぜん》・備中《びっちゅう》・備後《びんご》・美作《みまさか》、すなわち吉備の範囲に限られていることが注目される。

ところが三世紀中葉すぎから後半になると、こうした弥生時代終末期の墳丘

▼楯築墳丘墓　弥生時代後期の大型墳丘墓。径約四〇メートルの不整円形の主丘の相対する二方に突出部が付き、全体として長さ八〇メートルの双方中円形の平面を呈する。円丘部の中央に大きな土壙があり、内部に板材を組み合わせた棺を板材で保護した木槨墓《もっかくぼ》が営まれ、棺内から多数の玉類と鉄剣一が発見されている。墳頂部には、亀石とよばれる顔面をもつ弧《こ》帯文石《たいもんせき》や大きな立石があり、また特殊壺・特殊器台や小型土器なども検出されている。

墓よりさらに規模が飛躍的に大きくなった前方後円墳、あるいは前方後方墳が西日本の各地に出現する。それらは近畿地方のものも、吉備地方のものも、北部九州のものも、墳丘の形態、埋葬施設、副葬品の組合せに至るまできわめて画一的であることが注意されるのである。

まず、墳丘の形態については、それらは基本的には前方後円墳であり、稀に前方後方墳がある。それらは弥生時代の墳丘墓とは異なり、後円部の形状も幾何学的な正円形を呈する。また多くは二〜三段に築成され、墳丘斜面には葺石《ふきいし》をほどこしたものが多い。さらに、吉備やのちに畿内《きない》とよばれる近畿中央部のものには、弥生時代後期の吉備の墳丘墓にみられた特殊器台・特殊壺の系譜をひく特殊器台形埴輪《はにわ》・特殊壺形埴輪が伴うものもある。

埋葬の方式は、前方後円(方)墳の後円(方)部の頂上部に穿たれた大きな墓壙《ぼこう》内に、長大な丸太を半裁して内部を刳《く》りぬいた割竹形木棺《わりたけがたもっかん》を納めて遺骸を安置し、さまざまな副葬品を納める。その後棺の四方に板石《いたいし》を積み上げて四壁を形成するとともに、その背後の部分もすべて石材で充塡する。そしてその長方形の空間の上に数枚の天井石《てんじょういし》を並べ、さらにこれを粘土で被覆して埋めてしまうのである。この埋葬施設は竪穴式石室《たてあなしきせきしつ》とよばれるが、古墳時代の後半期に盛んに営まれる横穴式《よこあなしき》石室のようにあらかじめ作られた石室に埋葬を行なうものではない。同じような約束事にしたがって埋葬が行なわれた結果、現在発掘すると竪穴式の石室状の空間が検出されるにすぎない。

さらに副葬品の組合せも、三角縁神獣鏡《さんかくぶちしんじゅうきょう》▲をはじめとする多量の銅鏡や鉄製の武器・武具、鉄製の農工具など呪術的色彩の強いものである。

こうした画一的な内容をもつ定型化した大型の前方後円(方)墳の出現は、弥生時代の終わり頃、山陰地方、吉備地方といった地域ごとに成立していた首長たちの政治的なまとまり、すなわち地域的政治集団相互の間に、さらに大きな広域の政治連合が形成されたことの現われにほかならない。筆者は、こうした定型化した大型前方後円墳の出現を、日本列島における墳丘墓の形成・展開過程の中できわめて重要な画期と考える。そして、このような広域の政治連合の政治秩序と密接な関わりをもって成立する大型墳丘墓や、その延長上にある墳丘墓を「古墳」ととらえている。こうした各地の出現期の古墳が画一的な内容をもつのは、前章で論じたように、原則的にはそれが連合に加わった各地の首長

▼**三角縁神獣鏡**　縁の断面が三角形を呈する神獣鏡。景初三(二三九)年や正始元(二四〇)年の魏《ぎ》の年号銘をもつものがあることから魏の鏡と考えられ、卑弥呼《ひみこ》が魏の皇帝から下賜された鏡と考えられてきたが、中国からまだ一枚も出土していないところから、これを疑う研究者も少なくない。

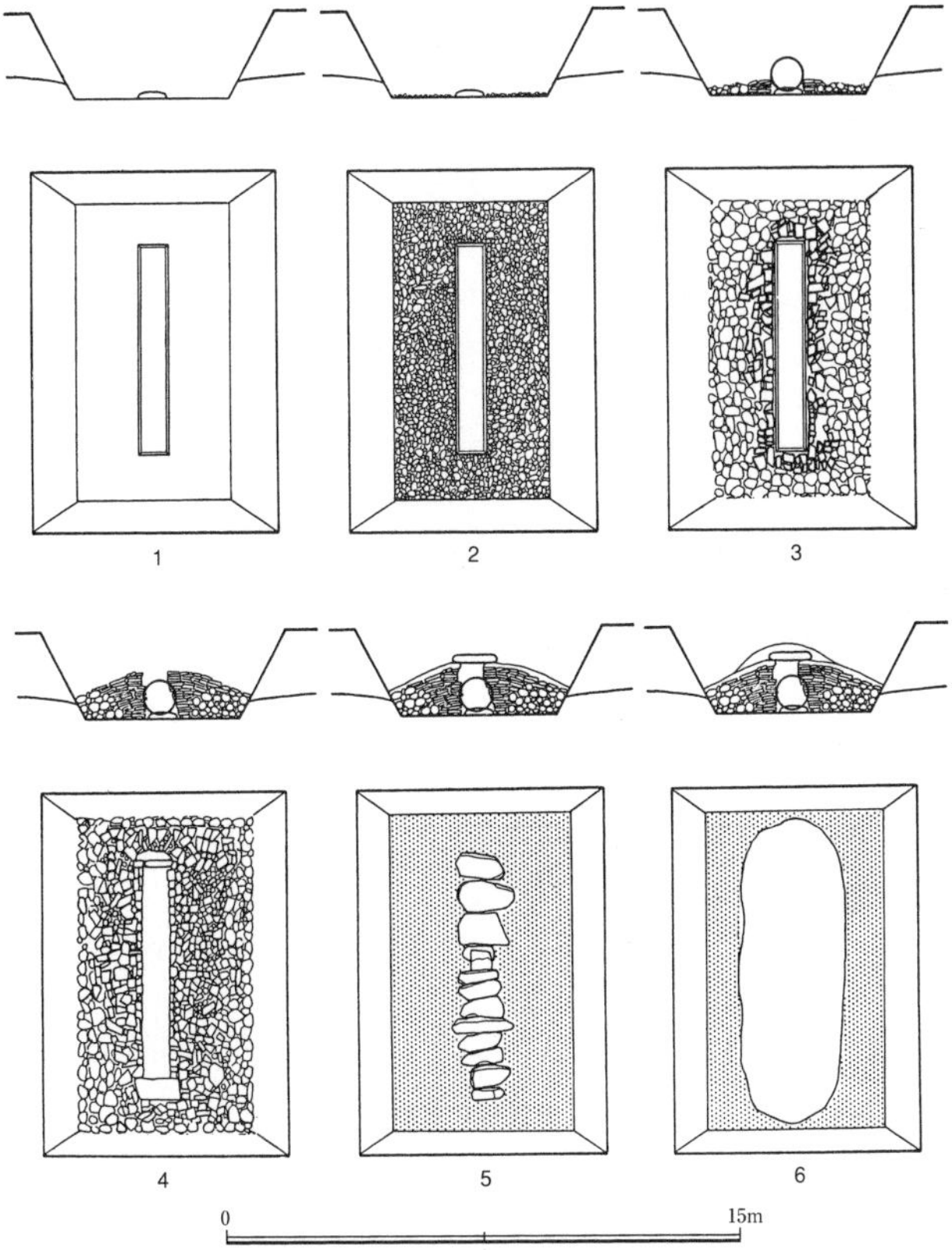

●—竪穴式石室の構築過程(大阪府茨木市将軍山古墳，堅田直氏による)

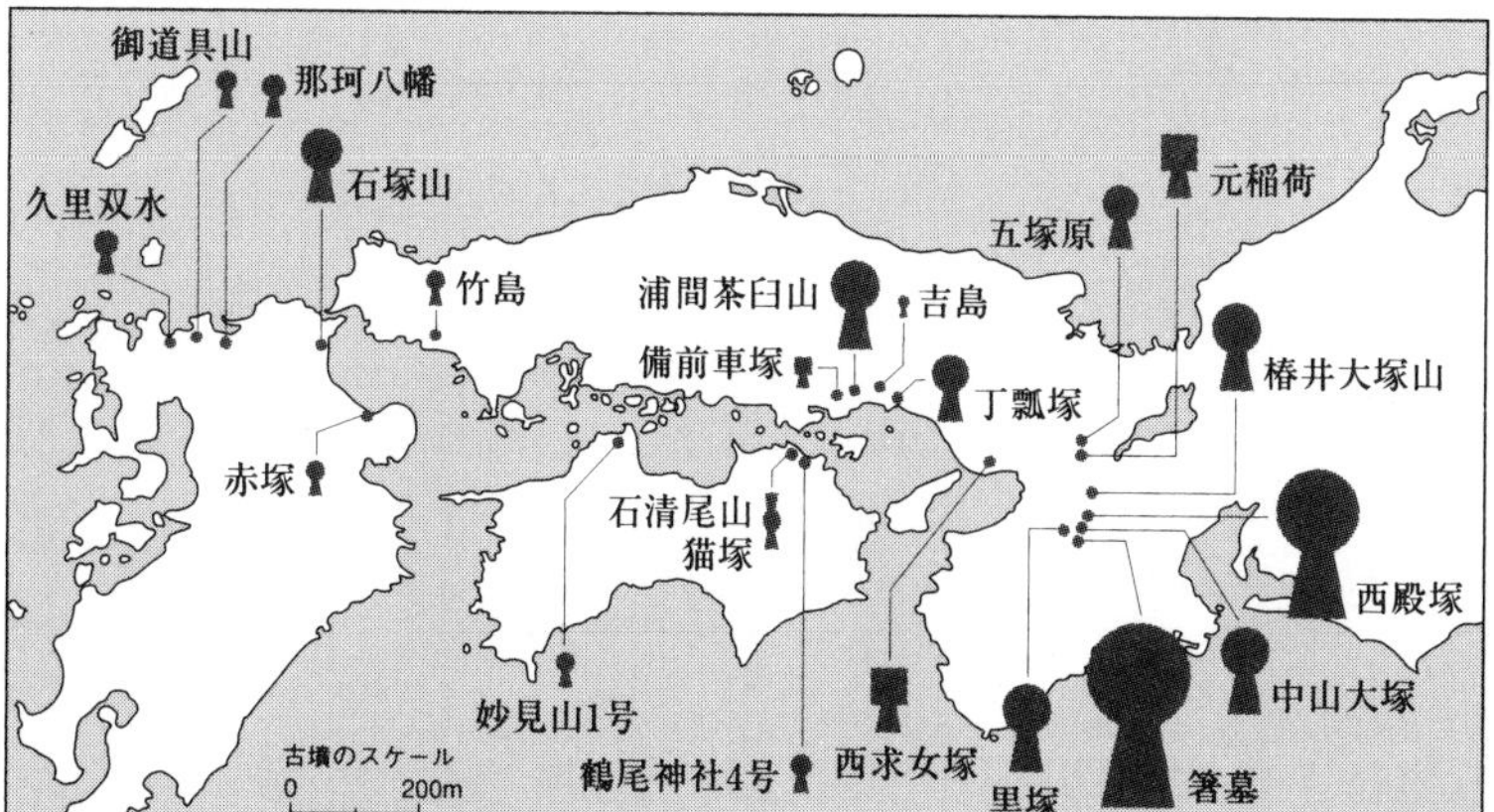

●—西日本における出現期古墳の分布

たちが「共に造るもの」であったためにほかならない。

いま、西日本における出現期古墳の分布状況をみてみると、畿内地方に箸墓《はしはか》古墳など最大級のものがみられ、ついで吉備地方に箸墓古墳の二分の一の墳丘規模をもつ岡山市浦間茶臼山《うらまちゃうすやま》古墳▲（墳丘長一三八メートル）、北部九州でも瀬戸内側の豊前に福岡県苅田町石塚山《いしづかやま》古墳▲（同一二〇メートル）など、大型の古墳がみられる。こうした畿内を中心とする古墳の分布のあり方は、その後古墳時代前期から中期、後期にも基本的には変わらず、継続する。このことからも古墳の出現が、ヤマト政権とよばれる広域の政治連合の成立と関係することは疑いなかろう。この政治連合に加わった首長たちが、その身分秩序に応じて大小さまざまな規模の古墳を営んだものと考えられる。

古墳出現の歴史的背景

ところで、こうした広域の政治連合は、一体なにを契機に形成されたものであろうか。弥生時代後期には、各地で石器が消滅し本格的な鉄器の時代になる。しかし現在のところ、日本列島では古墳時代中期以前にさかのぼる確実な製鉄

▼浦間茶臼山古墳　三段築成の前方後円墳で、前方部の先端が撥《ばち》形に開く出現期の前方後円墳の特徴を備えている。後円部に竪穴式石室があったが、明治年間の盗掘で破壊されている。銅鏡片や銅鏃の出土が知られている。

▼石塚山古墳　福岡県でも瀬戸内側の豊前地域に所在する出現期の前方後円墳。寛政八（一七九六）年に後円部の竪穴式石室が発掘され、三角縁神獣鏡七面や鉄製武器などが出土している。さらに最近の石室の再調査で細線式獣帯鏡のあったことが知られた。

遺跡は発見されていない。このことは、当時の日本列島では製鉄が行なわれていたとしても、それはきわめて低いレベルの小規模なものであったと考えざるをえない。『三国志《さんごくし》』の『魏志《ぎし》』弁辰《べんしん》条によると、三世紀前半頃朝鮮半島の韓・濊《わい》とともに倭《わ》も弁辰(朝鮮半島東南部)の鉄を取っていたことが記されている。おそらくこの弁辰の鉄が日本列島にもたらされていたのであろう。

　この弁辰の鉄資源をはじめ銅鏡など、海外の先進的文物の入手に主導的な役割を果たしていたのが、『魏志』倭人伝《わじんでん》などにもその名がみられる奴《な》国▲や伊都《いと》国▲など玄界灘《げんかいなだ》沿岸地域の勢力であったと思われる。そのことは、これらの地域で多量の中国鏡を副葬した弥生時代中〜後期の墓がいくつも発見されていることからも疑いなかろう。

　こうした状況を考えると、この時期に瀬戸内海沿岸各地や近畿地方の勢力がより安定的に鉄資源やその他の先進的文物を入手しようとすると、どうしてもこの玄界灘沿岸の勢力を制圧し、それらの入手ルートの支配権を奪取する必要があったと思われるのである。三世紀初頭を境に、それまで北部九州に分布の中心があった中国鏡が、近畿を中心とする分布に一変する。筆者はこの大きな

▼奴国　弥生時代後期に現在の福岡市付近に存在した原生国家。『魏志』倭人伝によると二万余戸ありと書かれており、大国であったらしい。『後漢書』によると、五七年に奴国王が後漢に朝貢して印綬をうけたことが記されている。この印と考えられる「漢委奴国王」の金印が博多湾の北の志賀島から出土している。

▼伊都国　三世紀に福岡県の糸島地方、現在の前原市付近にあった国。『魏志』倭人伝には千余戸ありと書かれているにすぎないが、帯方《たいほう》郡使が倭国へ往来する際に常に駐在するところであり、また邪馬台国が諸国を検察するために設けた一大率《いちだいそつ》がおかれたところでもあった。前原市域には一基の甕棺から三十数面の前漢鏡を出した三雲南小路遺跡や、また多数の方格《ほうかく》規矩《きく》鏡を出土した井原鑓溝《いはらやりみぞ》遺跡などがあり、伊都国の王墓であろうと考えられている。

▼**倭国の乱**　『魏志』倭人伝には「其の国、本また男子を以て王と為す。住《とど》まること七、八十年にして倭国乱れ、相攻伐して年を歴《へ》たり。乃ち共に一女子を立てて王と為し、名づけて卑弥呼と曰《い》う」とある。さらに『後漢書』には「桓《かん》・霊《れい》の間、倭国大いに乱れ、更に相攻伐して歴年主なし」とあり、この乱の時期を後漢の桓帝・霊帝の間、すなわち一四七〜一八九年とする。ただこの『後漢書』の記載は『魏志』によったものと思われ、オリジナリティーがあるかどうかは不明。

変化を、近畿中央部と瀬戸内各地の首長たちが連合して玄界灘沿岸地域と戦ってこれを制圧し、鉄資源やその他の先進文物の輸入ルートの支配権を奪取した結果と考え、このことが広域の政治連合形成の契機になったものととらえている。

『魏志』倭人伝は、卑弥呼《ひみこ》が擁立される前に倭国が乱れたことを伝えている。この「倭国の乱」▲は、あるいはこの先進文物の入手ルートの支配権をめぐる争いのことであったかもしれない。ただその場合、一般に『後漢書《ごかんじょ》』の記載などから倭国の乱、ないし倭国大乱の時期は二世紀後半と考えられているが、考古学の立場からは、その時期は中国鏡の分布の大きな変化の時期からみて、三世紀初頭のことと考えざるをえない。

なお、この三世紀初頭にみられる中国鏡の分布の大きな変化を、九州勢力の東遷の結果とする考えが古くからある。ただこの前後の時期は、汎列島的に土器の移動がきわめて顕著になる時期である。奈良県桜井市の纒向《まきむく》遺跡には、東海・北陸・山陰・吉備など各地の土器が大量に流入している。これは、この時期に人々の地域をこえた動きがきわめて活発になったことを示すものにほかな

●——奈良県大和六号墳出土の鉄鋌《てってい》　五世紀にもこうした鉄鋌の形で加《か》耶《や》の鉄が倭国にもたらされていた。ただ鉄鋌は貨幣的意味ももっていたらしい。

らない。ところがこの時期には、畿内や吉備、あるいは山陰の土器は北部九州に移動しているが、なぜか北部九州の土器の吉備や畿内への移動はほとんどみられないのである。このことは、九州勢力の東遷説が成立しがたいことを明確に物語るものにほかならない。

このようにして三世紀初頭に成立したと想定される広域の政治連合が、『魏志』倭人伝にみられる邪馬台《やまたい》国を中心とする国々の連合であることはまず疑いなかろう。三世紀初頭に、初めて日本列島の中央部に出現した広域の政治的まとまりが、鉄資源をはじめとする先進文物の入手ルートの支配権をめぐる争いを契機に成立したと想定されることはきわめて興味深い。この首長連合はまさに、鉄資源やさまざまな先進文物の共同入手機構にほかならないのである。連合の盟主権を認められた畿内ヤマトの王は、対外的には倭国王として外交権を掌握するとともに、海外からの先進文物の流通システムの統制・管理を進めたものと思われる。

三世紀中葉すぎに出現する古墳は、こうした邪馬台国を中心とする政治連合の体制をさらに強化し、永続させるために行なわれた政治体制の整備の一環として生み出されたものであり、この革新された政治連合こそヤマト政権にほかならないと考えられる。箸墓古墳をはじめとする出現期の大型前方後円墳の造営年代が、筆者の想定しているように三世紀中葉にさかのぼることが正しいとすれば、古墳出現の直接的契機は、あるいは卑弥呼という呪術的・宗教的権威の死にあったのかも知れない。卑弥呼の死後もその権威と霊力がこの政治連合をまもることを願うとともに、そうした宗教的権威に頼らなくとも、こうした政治連合の体制が維持できるようなシステムの整備が求められたことはいうまでもなかろう。邪馬台国連合からヤマト政権への転換は、そうした呪術的権威の維持と脱皮の模索からなされたものであろう。

いま一つ、ヤマト政権の成立には、東日本の広大な地域の連合への参加という出来事を見逃すことはできないと思われる。卑弥呼の時代、すなわち三世紀前半の東日本では、濃尾平野を中心に前方後方形墳丘墓が各地で営まれていた。また地域ごとにきわめて地域性が顕著であった東日本各地の弥生時代後期の土器は、巨視的にはこの時期に東海西部の土器の影響をうけて土師器《はじき》▲に転換するのである。こうした点から三世紀前半には、濃尾平野を中心に東海・中部山

▼**土師器**　酸化焔で焼成された赤焼き土器。弥生土器の系譜を引く土器であるが、古墳時代に近づくと弥生時代に比べて地域差が少なくなり、壺・甕も平底から丸底に変化し、土師器とよばれるようになる。

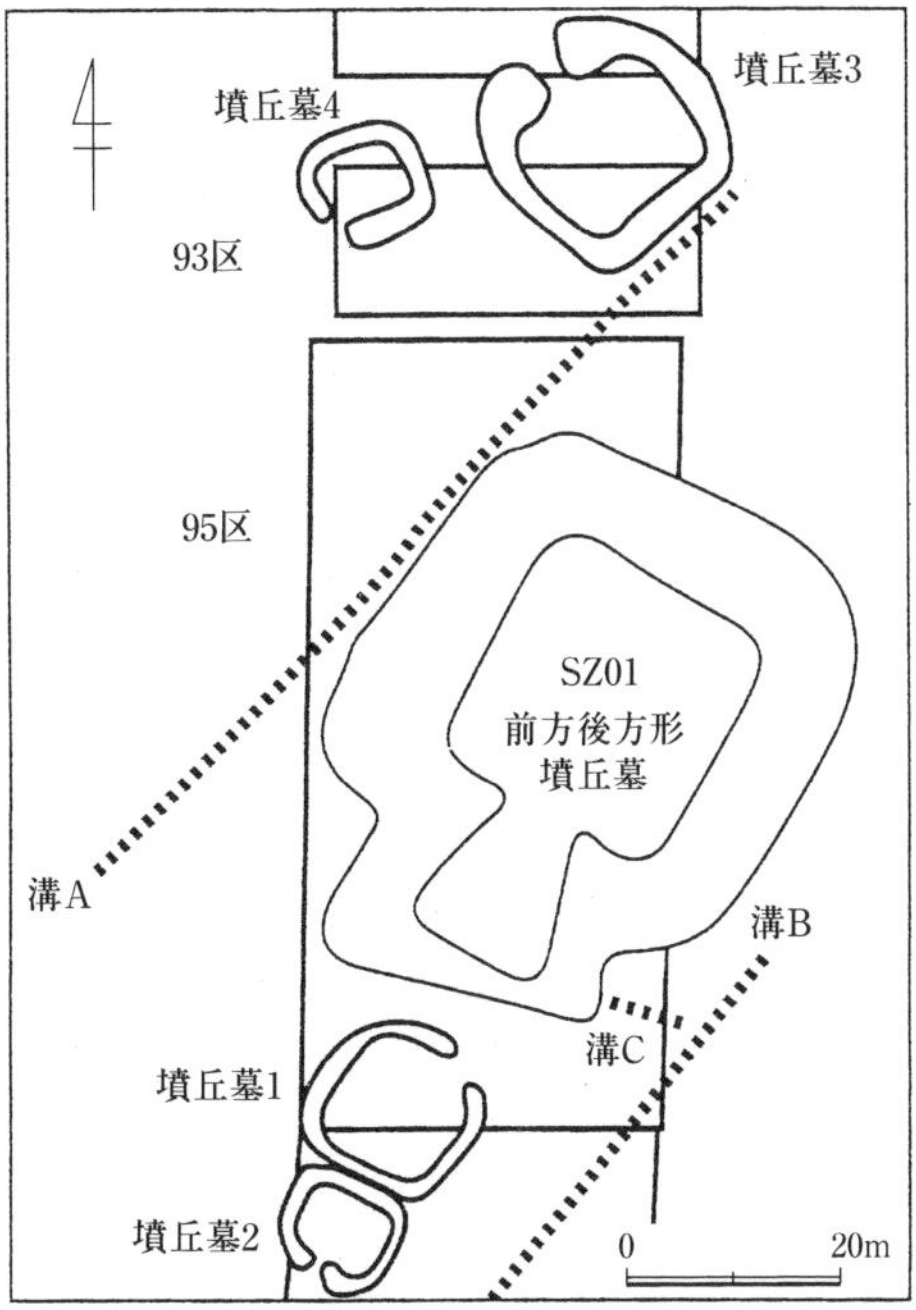

●―愛知県一宮市西上免遺跡の前方後方形墳丘墓

●―東国の前方後方墳(群馬県前橋市八幡山古墳)

岳・北陸・関東の地域が文化的・政治的に一つのまとまりを構成していた可能性は大きい。もちろんそれは面的なまとまりではなかったと思われるが、西日本に形成されていた邪馬台国を中心とする連合に対し、濃尾平野を中心とするゆるやかな首長連合が形成されていた可能性は大きいと思われる。

『魏志』倭人伝は、邪馬台国の南に狗奴《くな》国▲があり、卑弥呼の晩年に邪馬台国と争ったことを記している。邪馬台国大和《やまと》説をとれば、この南は東と読み替えなければならないが、筆者はこの狗奴国は、濃尾平野の勢力にほかならないと考えている。そして、この狗奴国を中心に東日本のいくつかの地域が政治連合を形成していたものと考える。邪馬台国と狗奴国の争いがその後どうなったかは『魏志』倭人伝は伝えていないが、その後の状況から考えて邪馬台国側の勝利、ないしその主導による和平を迎えたことは想定してよかろう。

東日本の広大な地域が、西日本に形成されていた邪馬台国連合に加わったのはまさにこの時のことであろう。それは卑弥呼の死を契機に、政治連合の体制の整備が模索されていた時期でもあった。その後、三世紀後半から四世紀前半にかけて、西日本の前方後円墳に対して東日本各地では前方後方墳が造営され

▼狗奴国　『魏志』倭人伝に、邪馬台国のさらに南にあり、女王国に属していないとされる国で、卑弥呼の晩年に邪馬台国と戦ったことが記されている。邪馬台国九州説では熊襲《くまそ》に、近畿説では濃尾平野に擬する説がある。

る。これは新しいヤマト政権の中で、邪馬台国連合以来の一次的メンバーが前方後円墳を、旧狗奴国連合などの新しく加わったメンバーが、狗奴国連合時代の前方後方形墳丘墓の系譜をひく前方後方墳を営んだものであろう。

いずれにしても、東日本の広大な地域が、西日本に形成されていた政治的世界に加わるのは、『古事記《こじき》』『日本書紀《にほんしょき》』が描くように、多くのヤマトの将軍による度重なる遠征の結果ではなく、三世紀中葉における邪馬台国連合と狗奴国連合の合体の結果であったと思われる。

こうした広域の政治連合形成の契機を、鉄をはじめとする先進文物の入手ルートの支配権をめぐる確執に求める筆者の構想については、さらに今後の調査・研究による検証が必要であることはいうまでもない。ただ現在のところ、考古学の立場から三世紀初頭における広域の政治連合の成立や三世紀中葉すぎにおけるその拡大と変革の要因をもっとも整合的に説明しうる仮説として、充分成立しうるものと考えている。

ヤマト政権の盟主権の実態

日本列島各地の政治勢力の連合がヤマト政権にほかならないが、その盟主の墓と想定される、他と隔絶した規模をもつ大型の前方後円墳は、古墳時代前期前半から中葉、すなわち三世紀後半から四世紀前半には、一貫して奈良盆地東南部の大和《おおやまと》古墳群▲や柳本《やなぎもと》古墳群▲とその周辺に営まれていた。ところが前期でも後半の四世紀中葉から後半になると、奈良盆地北部の佐紀《さき》古墳群▲に造られるようになる。さらに中期の四世紀末以降になると、奈良盆地を離れて大阪平野の古市《ふるいち》古墳群▲や百舌鳥《もず》古墳群▲に造営されるようになる。

北と南を除く列島の首長連合の盟主墓が、奈良盆地から大阪平野へ移動することについては、単に大和に本拠をおく王権が、その墳墓の地を河内《かわち》（のちの和泉《いずみ》を含む）に移したにすぎないとする考え方もある。しかし古墳というものが、基本的には被葬者の本貫地《ほんがんち》に営まれるのが原則であったことを考慮すると、やはりヤマト政権の中枢を構成していた畿内の政治連合の中で、その盟主権が奈良盆地の勢力から大阪平野の勢力へと移動した結果と考えるべきであろう。

すなわち、畿内の王権も畿内の複数の政治勢力の連合にほかならず、その盟

▼大和古墳群　天理市南部の中山町・萱生町などを中心に営まれた古墳群。西殿塚古墳（現手白香皇女衾田陵、墳丘長二三四メートル）などを中心に古墳時代前期初頭の前方後円墳や前方後方墳が多数所在する。

▼柳本古墳群　奈良県天理市南部に所在する古墳群。行灯山《あんどやま》古墳（現崇神天皇陵、墳丘長二四二メートル）、渋谷向山古墳（現景行天皇陵、同三一〇メートル）など四世紀前半〜中葉頃の大型前方後円墳を中心に構成されている。

▼佐紀古墳群　奈良盆地北部、のちの平城京の北辺の丘陵地帯に営まれた古墳群。五社神《ごさし》古墳（現神功皇后陵、墳丘長二七六メートル）、ウワナベ古墳（同二六五メートル）など四世紀後半から五世紀中葉頃の巨大な前方後円墳が多数営まれている。

▼古市古墳群　大阪府羽曳野市

から藤井寺市にかけて所在する古墳群。誉田御廟山古墳（現応神天皇陵）を中心に四世紀後半から六世紀におよぶ大型の前方後円墳が多数営まれている。

▼百舌鳥古墳群　堺市の旧市街の東方の台地上に営まれた古墳群。大仙陵古墳（現仁徳天皇陵）、上石津ミサンザイ古墳（現履中天皇陵）、土師《はぜ》ニサンザイ古墳の三基の五世紀代の巨大な前方後円墳がある。

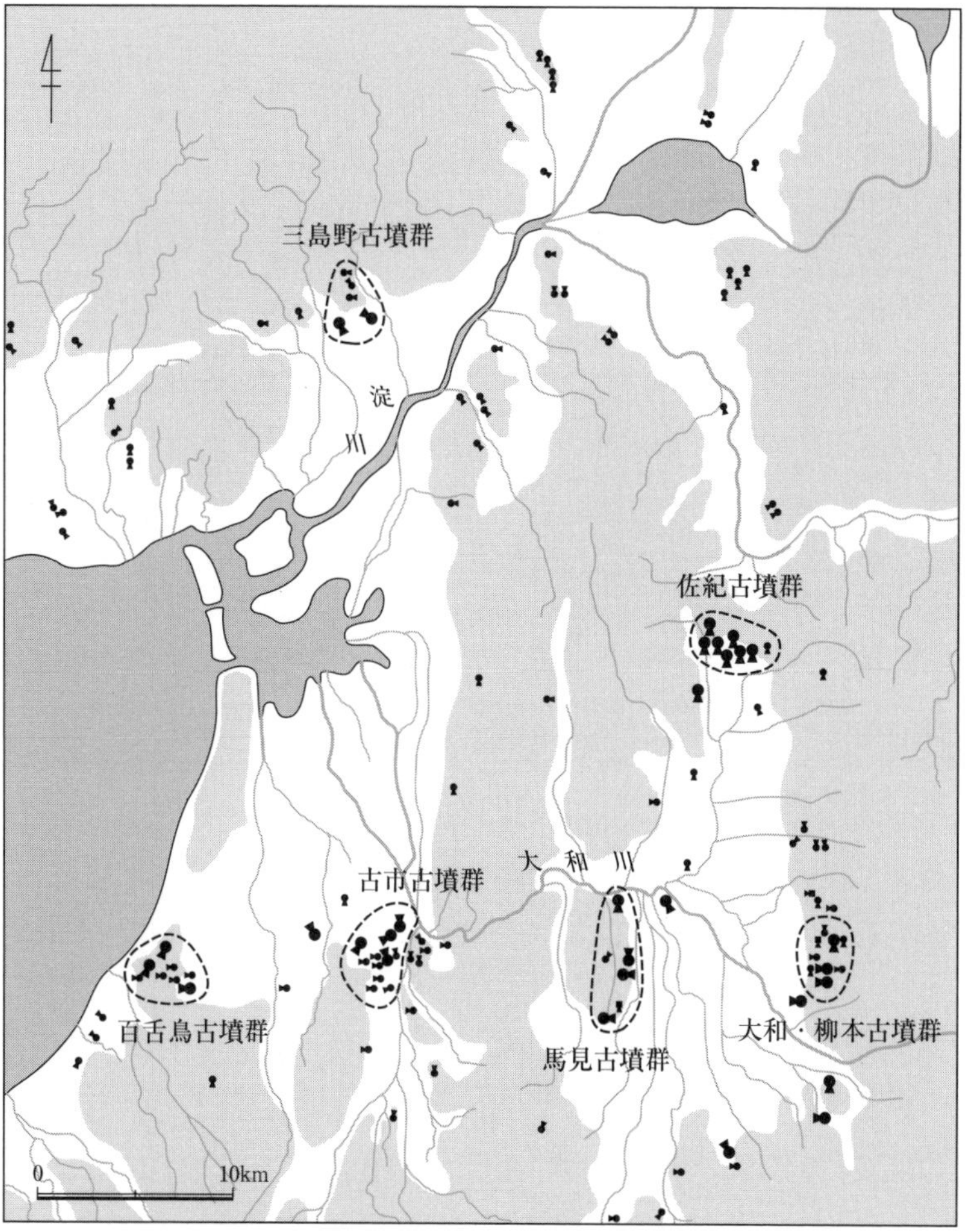

●──畿内における大型古墳の分布

主権は移動しうるものであったと考えられる。ただ、これが王朝の交替というようなものでないことは、首長連合の象徴ともいうべき古墳造営のシステムがそのまま継続することからも明らかであり、むしろ盟主権が移動しうるところにこそ、首長連合の特質が現われていると思われる。こうした地域の政治連合内における盟主権の移動は、吉備の首長連合の内部でも、また関東の上毛野《かみつけの》（のちの上野《こうずけ》、群馬県）の首長連合の内部でも認められるのである。

畿内の王権と地方政権

吉備地方には、日本列島第四位の規模をもつ岡山市造山《つくりやま》古墳（墳丘長三六〇メートル）をはじめ巨大な前方後円墳がみられる。それらは吉備地方の首長たちが形成していた地域的な首長連合の盟主の墓であろうが、この造山古墳は、中期でも早い段階の五世紀初頭の古墳と考えられる。これに並行する時期のヤマト政権の盟主の墓と考えられるものは、大阪府堺市の百舌鳥古墳群の上石津《かみいしづ》ミサンザイ古墳▲（現履中天皇陵、墳丘長三六五メートル）である。両者を比較するとわずかに上石津ミサンザイ古墳のほうが大きいが、その差は僅少で、ほぼ同規

▼**上石津ミサンザイ古墳**　周囲に二重の周溝をめぐらした大型前方後円墳。日本列島では大仙陵古墳、誉田御廟山古墳についで第三位の規模をもつ。埴輪の型式などから五世紀初頭頃の古墳と考えられる。百舌鳥古墳群の中では、最初に築造された巨大古墳である。次頁写真参照。

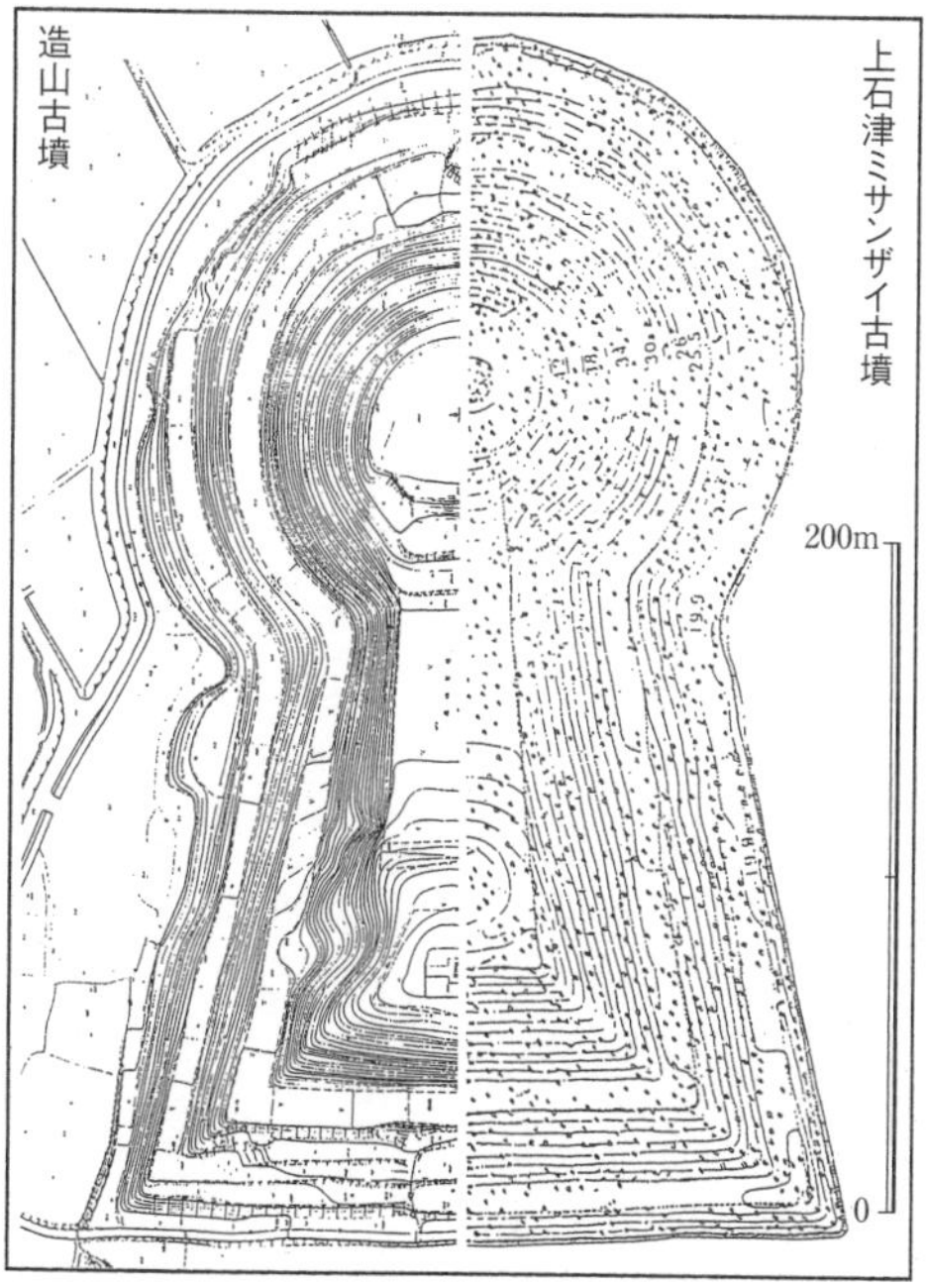

●―岡山市造山古墳と大阪府上石津ミサンザイ古墳の比較

●―大阪府上石津ミサンザイ古墳(現履中天皇陵)

模ともみなされる。また墳丘測量図を比較すると、共通の造営企画をもつ部分も少なくないことがわかる。すなわちヤマト王権の盟主＝大王《だいおう》の古墳と、吉備地方の政治連合の盟主の墓はほぼ同規模に、よく似た企画で造営されているのであり、この段階でも畿内の大王と吉備の大首長との関係は、「同盟」と表現するのが適当な関係であったと考えられるのである。

五世紀でも前半から中葉になると、大王墓がさらに巨大化するのに対し、吉備の大首長墓は岡山県総社市作山古墳《つくりやま》▲（墳丘長二八六メートル）、同赤磐市両宮山《りょうぐうざん》古墳▲（同一九二メートル）としだいに小さくなるが、それでも五世紀中葉すぎまでは巨大な前方後円墳の造営が継続する。ところが、両宮山古墳を最後に吉備ではこうした巨大古墳はみられなくなり、吉備の地域的政治連合、すなわち吉備政権は解体するのである。こうした動向は吉備以外の地域でも同じである。

五世紀後半以降になると、畿内以外の地域では大規模な前方後円墳の造営はまったくみられなくなり、ただ近畿中央部でのみ巨大な前方後円墳の造営が後期の六世紀まで続くのである。このことは、五世紀後半を境に、汎列島的な首長連合であるヤマト政権の構造が大きく変質し、畿内の大王の権力が強大化し、

▼**作山古墳**　墳丘長二八六メートルの前方後円墳で、吉備では第二位、日本列島全体でも第九位の墳丘規模をもつ。埴輪の型式などから五世紀前半から中葉頃のものと想定されている。内部構造などは不明。

▼**両宮山古墳**　墳丘の周りに水をたたえた周濠をめぐらした三段築成の前方後円墳。墳丘長一九二メートルで、吉備地方では造山古墳、作山古墳につぐ墳丘規模をもつ。内部構造などは不明。

大王に服属する地方豪族という形がしだいに明確になってきたことを物語るものであろう。

五世紀後半におけるヤマト政権の大きな変質を物語るもう一つの大きな変化は、群集墳《ぐんしゅうふん》▲とよばれる小型古墳の爆発的な造営であろう。これは、かつては古墳の造営など考えられなかった非支配者層の一部が、小さいながらも古墳を造営するようになったことを示すものにほかならない。かつては各地の首長のもとに、それをささえる共同体の成員として埋没していた農民たちのうち、新しく台頭してきた各地の有力な農民層を、ヤマト政権が直接的に把握しようとして、その身分秩序に組み込もうとしたものであろう。

古墳の終末と古代国家の成立

前方後円墳は、首長同盟に加わる各地の首長たちの共通の墳墓として日本列島の古墳を特徴づけるものであるが、その造営は畿内など西日本では六世紀末葉をもって終息を迎える。奈良県橿原《かしはら》市の五条野丸山《ごじょうのまるやま》古墳▲（墳丘長三一八メートル）などは、大王墓として最後の前方後円墳であろう。やや遅れるが、東日

▼**群集墳**　一定の地域に、数多くの小型古墳が密集して営まれた古墳群。千塚・百塚・八十塚などの地名が残るものがある。大阪府柏原市平尾山千塚古墳群など一〇〇〇基もの古墳から構成されるものもある。

▼**五条野丸山古墳**　奈良盆地最大の前方後円墳で、後円部に全長二八メートルあまりの日本列島最大の横穴式石室が営まれ、その内部に二基の家形石棺が納められている。六世紀後半のものと想定され、欽明天皇陵とする説が有力である。従来、見瀬《みせ》丸山古墳とよばれていた。次頁写真参照。

●―奈良県五条野丸山古墳

●―大阪府太子町山田高塚古墳(現推古天皇陵)

本でも前方後円墳の築造は七世紀初頭をもって終わる。これはともに推古《すいこ》朝の出来事と想定され、それ以降、畿内でもそれ以外の地域でも、支配者層は前方後円墳に替えて大型の方墳《ほうふん》ないし円墳《えんぷん》を造営するようになる。大王墓もまた大型の方墳になるらしい。

これは畿内の支配者層が、前方後円墳に象徴される三世紀以来の首長連合の政治秩序と決別し、近畿中央部、すなわち畿内を中心とする中央集権的な国家秩序を明確に志向しはじめたことを示すものであろう。関東地方などでも、後期の六世紀代には各地で数多く造られていた前方後円墳が七世紀初頭を境に一斉に造られなくなり、それ以降はごく一部の限られた地域で、大型の方墳ないし円墳の造営が継続するにすぎなくなる。畿内王権による新しい地方支配体制の成立を示すものにほかならないと考えられる。

七世紀の中葉以降になると、畿内地域に奈良県桜井市段《だん》ノ塚《つか》古墳▲(現舒明《じょめい》天皇陵)、京都市御廟野《ごびょうの》古墳▲(現天智《てんち》天皇陵)など、八角形の墳丘をもつ特殊な古墳が新たに出現する。それらの八角墳《はっかくふん》はいずれも大王墓と想定され、この時期以降八世紀初頭まで、即位した大王にのみ固有の陵墓《りょうぼ》として造営されたものと考え

▼**段ノ塚古墳**　三段築成の方形壇の上に二段築成の八角形の墳丘を載せている。内部に二基の家形石棺を納めた横穴式石室があると伝えられる。次頁図版参照。

▼**御廟野古墳**　一辺四六メートルの方形壇の上に、対辺間の長さ四二メートル、高さ八メートルの八角形の墳丘を載せている。

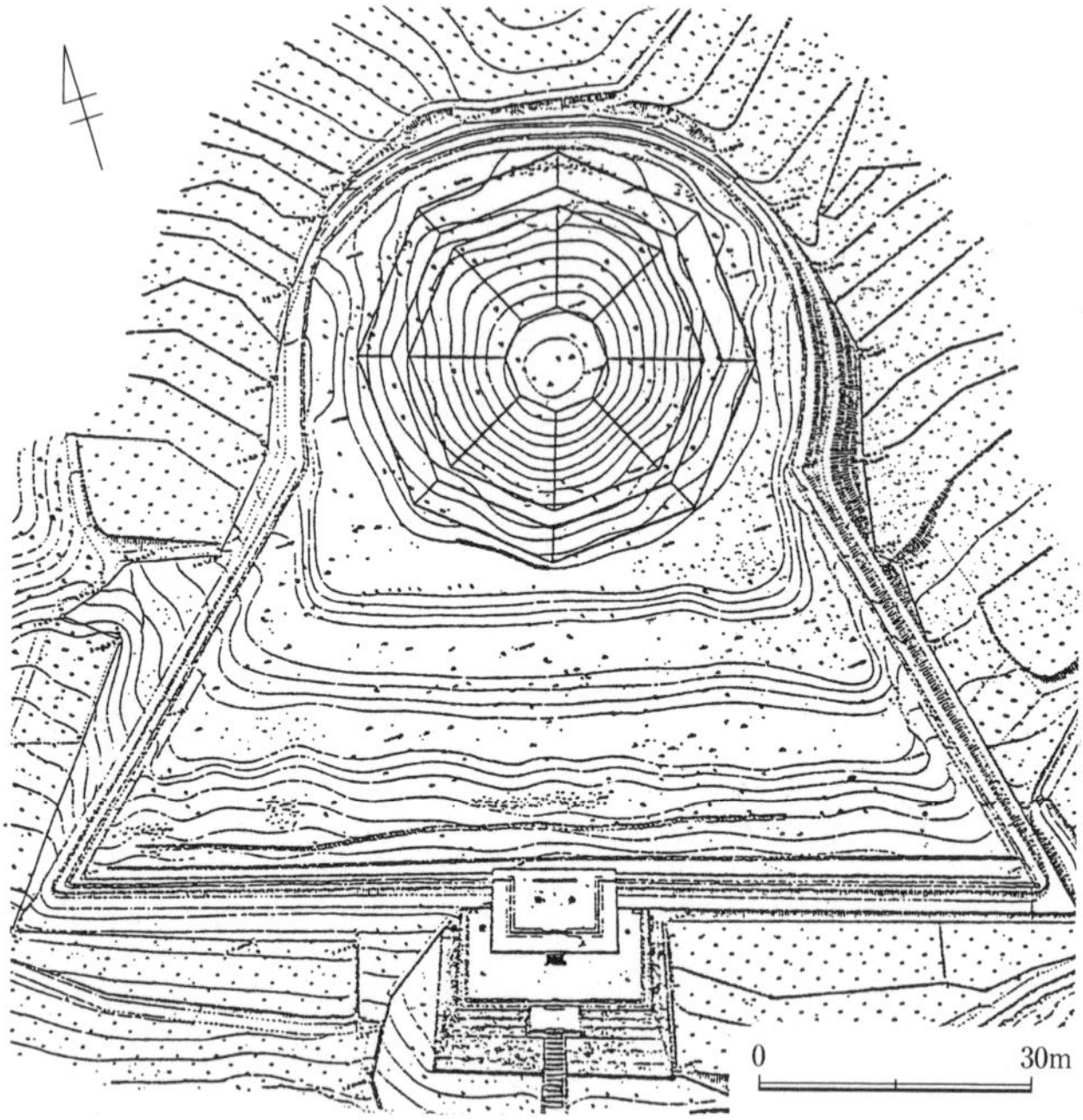

●—奈良県段ノ塚古墳(現舒明天皇陵)

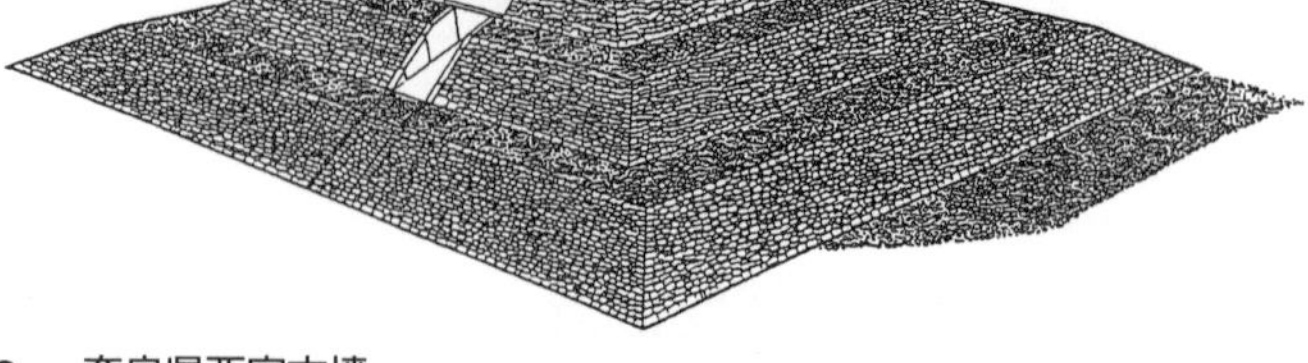

●—奈良県西宮古墳

られる。八角墳は、のちの大極殿《だいごくでん》の高御座《たかみくら》が八角形であるのと同様、天下の支配者にふさわしい墳形と考えられたのであろう。それまでは規模こそ大きいが、大王もまた首長同盟の構成員の一人として、他の首長たちと同様の前方後円墳を、あるいは七世紀前半には方墳を営んでいたのが、ここに至ってはじめて一般の首長、すなわち一般の豪族を超越した存在としての大王の地位を墳墓造営のうえでも明確に示そうとするのである。

七世紀中葉以降、大王墓が八角墳化したあとも、畿内などでは有力な豪族層はみごとな切石《きりいし》造りの横穴式石室をもつ方墳や円墳を造営していた。たとえば奈良県平群《へぐり》町の西宮《にしのみや》古墳▲は一辺三六メートルの三段に築成された方墳で、この地の豪族平群氏が七世紀の第3四半期に営んだものと想定される。ところがこの平群の地では、この古墳を最後に顕著な古墳はみられなくなる。これは畿内の他の地域でも同様で、畿内の豪族層による顕著な古墳の造営は七世紀の第3四半期まででほぼ終息する。それ以降は、大王とその一族や新しい古代国家の支配の頂点に立ったごく一部の豪族が、たとえば高松塚《たかまつづか》古墳▲のような特殊な古墳を営むにすぎなくなる。これは、おそらく壬申《じんしん》の乱による大王権の著しい伸

▼**西宮古墳**　奈良県平群町にある終末期の方墳。一辺三六メートルで三段に築成され、内部に切石造りの横穴式石室が営まれ、刳抜式の家形石棺がある。石室の型式や出土した須恵器などから、七世紀後半のものと考えられる。前頁図版参照。

▼**高松塚古墳**　奈良県明日香村にある終末期の円墳(径二三メートル)。埋葬施設である横口式石槨の内部に、日・月像、星宿、四神図と人物群像の彩色壁画が描かれている。出土した海獣葡萄鏡や銀装大刀などから造営年代は八世紀初頭に下るものと考えられる。

長の結果、一般の豪族層の古墳造営が規制された結果であろう。各地の群集墳もまた、この時期を境に急速に終焉を迎える。たとえ古墳の造営が続いても、その規模が急速に小型化し、もはや古墳とはよびがたいものに変質する。ここに古墳の終末の大きな画期を求めることができるのである。

三世紀中葉すぎ以来四〇〇年以上にわたって、首長連合のシンボルとして造られ続けた古墳は、六世紀末葉ないし七世紀初頭の前方後円墳の造営停止、七世紀中葉における大王墓の八角墳化、さらに七世紀第3四半期の終わり頃の豪族層の古墳造営の終息といったいくつかの段階を経て、その終焉を迎える。このように古墳の終末の過程は、とりもなおさず、大王を中心に一元的な個別人身支配をめざす、中央集権的な律令《りつりょう》制古代国家の形成過程にほかならないのである。ただ律令制国家が成立しても、各地の首長層が依然として在地支配の実権を保持し続けたことは注意しておかなければならない。かつての首長連合の構成員として大きな古墳を造営していた各地の首長層は、依然として譜代《ふだい》の豪族として、郡司《ぐんじ》などの在地支配者として律令支配に組み込まれ、在地における民衆支配の実権を維持し続けるのである。

③―古墳時代の人々の生活

集落と豪族居館

古墳が造られた時代、すなわち日本列島各地の首長たちがヤマトの大王《だいおう》を中心に政治連合を形成していた時代の人々の生活や社会の仕組み、さらに信仰のあり方はどのようなものであったのだろうか。ここでは、最近の考古学の研究成果から、その一端を簡単にみておくことにしよう。

古墳時代になると、人々の生活の場である集落のあり方にも大きな変化が生じる。それは、古墳時代以前の弥生時代の大規模な拠点的集落にみられた、ムラをまもるための環濠《かんごう》や土塁《どるい》がみられなくなることと、首長層が民衆の住む一般の集落から離れて、みずからの居館《きょかん》を営むようになることである。前者は、政治的統合の進展に伴う戦いの時代が終息し、ヤマトの勢力を中心とする首長連合の成立により一応安定した時代が到来したことを、後者は古墳の出現とともに、社会が支配する者と支配される者に明確に分離したことを物語るものにほかならない。

古墳時代の首長層、すなわち豪族《ごうぞく》たちの居館は日本列島の各地でみつかっているが、比較的大規模なもので、その構造がある程度明らかになっているものとして、五世紀後半から六世紀初めの群馬県高崎市の三《み》ッ寺《でら》I遺跡▲がある。この遺跡は、猿《さる》府《ふ》川の流れを利用した幅三〇〜四〇メートルの濠《ほり》を周りにめぐらした一辺九〇メートルほどの方形の居館で、濠に面した斜面には古墳と同じように石が葺かれている。

濠の内側は全体が柵《さく》で囲まれ、さらにその内側にはそれぞれ柵で囲まれた南と北の二つのブロックがある。南のブロックの西よりには一辺一四メートルほどの大きな建物があり、この建物の西南には八角形の屋《や》形《かた》をもつ井戸が、また東北には居館の西方から導水橋によって水を引いた石敷の小さな池のような施設がある。池状の施設からは石製模造品などの神まつりのための祭器が出土していることから、水にかかわる祭祀の場であったことが知られる。西南の井戸とともに、三重県松阪市の宝塚《たからづか》一号墳の造出し周辺で検出された囲形《かこいがた》埴輪《はにわ》に表現されている水にかかわる祭祀が実修されていたことが想定されるのである。

この南のブロックこそ、居館の主であるこの地の首長が、神まつりを執り行な

▼三ッ寺I遺跡　上越新幹線の建設に伴う事前発掘調査により昭和五十七・五十八(一九八二・八三)年に発見されたもので、現在までに調査された古墳時代の豪族居館の中では、もっとも整備されたものである。ただ全域の発掘が行なわれたわけではなく、高床式倉庫の存否などまだ明らかにされていない部分も多い。次頁図版参照。

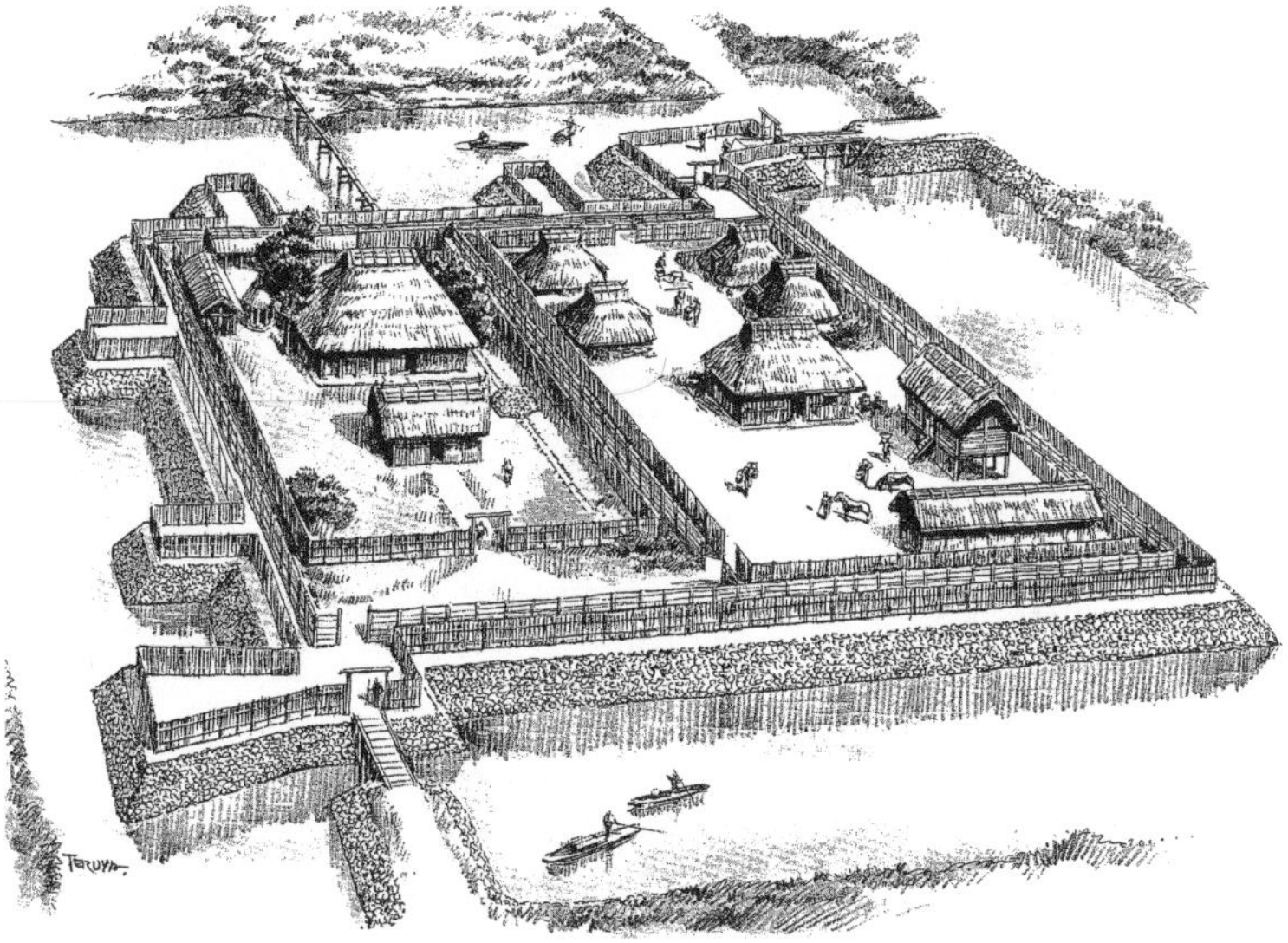

●—古墳時代の豪族居館の復元図(群馬県三ッ寺Ⅰ遺跡，イラスト・山本耀也)

●— 6 世紀の集落の復元模型(群馬県黒井峯遺跡)

う聖なる空間であったことは疑いない。北のブロックはまだ一部が調査されただけで全貌は明らかでないが、一部に竪穴《たてあな》住居が検出されており、豪族の日常生活の場であろうと考えられている。

このように三ッ寺Ｉ遺跡の豪族居館が、神まつり、すなわちマツリゴトの場と日常生活の場から構成されていることは、この時代の豪族、すなわち首長の性格を考えるうえで重要であろう。なお、この居館の西北一キロのところには、五世紀後半から六世紀初頭にかけて相次いで営まれた保渡田《ほどた》古墳群▲がある。いずれも墳丘長が一〇〇メートルをこえる前方後円墳である井出二子山《いでふたごやま》・保渡田八幡塚《はちまんづか》・保渡田薬師塚《やくしづか》古墳からなるが、三ッ寺に居館をかまえた首長の古墳と考えられている。

火山灰に埋もれたムラ

一方、古墳時代の民衆の集落の構造を目のあたりにすることができるのは、六世紀中葉の榛名《はるな》山の噴火によって噴出した軽石《かるいし》層下に埋没していた群馬県渋川市の黒井峯《くろいみね》遺跡▲である。日本列島の各地で古墳時代の集落跡の発掘調査は

▼**保渡田古墳群**　群馬県高崎市にあり、いずれも前方後円墳の井出二子山古墳（墳丘長一一一メートル）、八幡塚古墳（同一〇二メートル）、薬師塚古墳（同一〇〇メートル）が五世紀後半から六世紀初頭にかけて相次いで営まれた。

▼**黒井峯遺跡**　榛名山二ッ岳から噴出した厚さ二メートル前後の軽石層下に埋没した集落跡。昭和五十九（一九八四）年から実施された子持村教育委員会の発掘調査により、当時の集落の実態が明らかになった。前頁写真および六二頁図版参照。

数多く行なわれているが、ほとんどの場合当時の地表面は失われており、残っているのは地中に深く掘り込まれた竪穴住居や掘立柱《ほったてばしら》の柱穴、あるいは溝などで、大壁《おおかべ》式の平地建物や簡単な垣根《かきね》などはまったく残っていない。しかもそれらは、異なる時期のものが複雑に重なりあっていて、ある一定時期の村の姿を復元する作業には必ずしも成功していなかった。ところが黒井峯遺跡では、村を埋めた軽石層下の慎重な調査によって、村の構成や建物の構造、さらには屋根の形までほぼ明らかにされたのである。

ここでは垣根で囲まれた屋敷地から、一一〜数棟の平地住居や納屋《なや》・作業小屋・掘立柱の高床《たかゆか》倉庫、さらに家畜小屋などのほか、踏み固められた中庭のような作業空間や畦《あぜ》をもつ畠などが確認されたが、どうしたわけか大型の竪穴住居は垣根の外にある。また、垣根の外には水場《みずば》や村の祭祀場などもあって、それぞれ道でつながり、さらに村の周囲には畠、低地には水田が広がる。村の全体像はまだ明らかにされていないが、竪穴住居と垣根で囲まれた数棟の平地住居などからなる屋敷が基本単位となって、一つの村が構成されていたことは疑いなかろう。こうした内部に複数の住居をもつ屋敷が、一つの世帯であり、こ

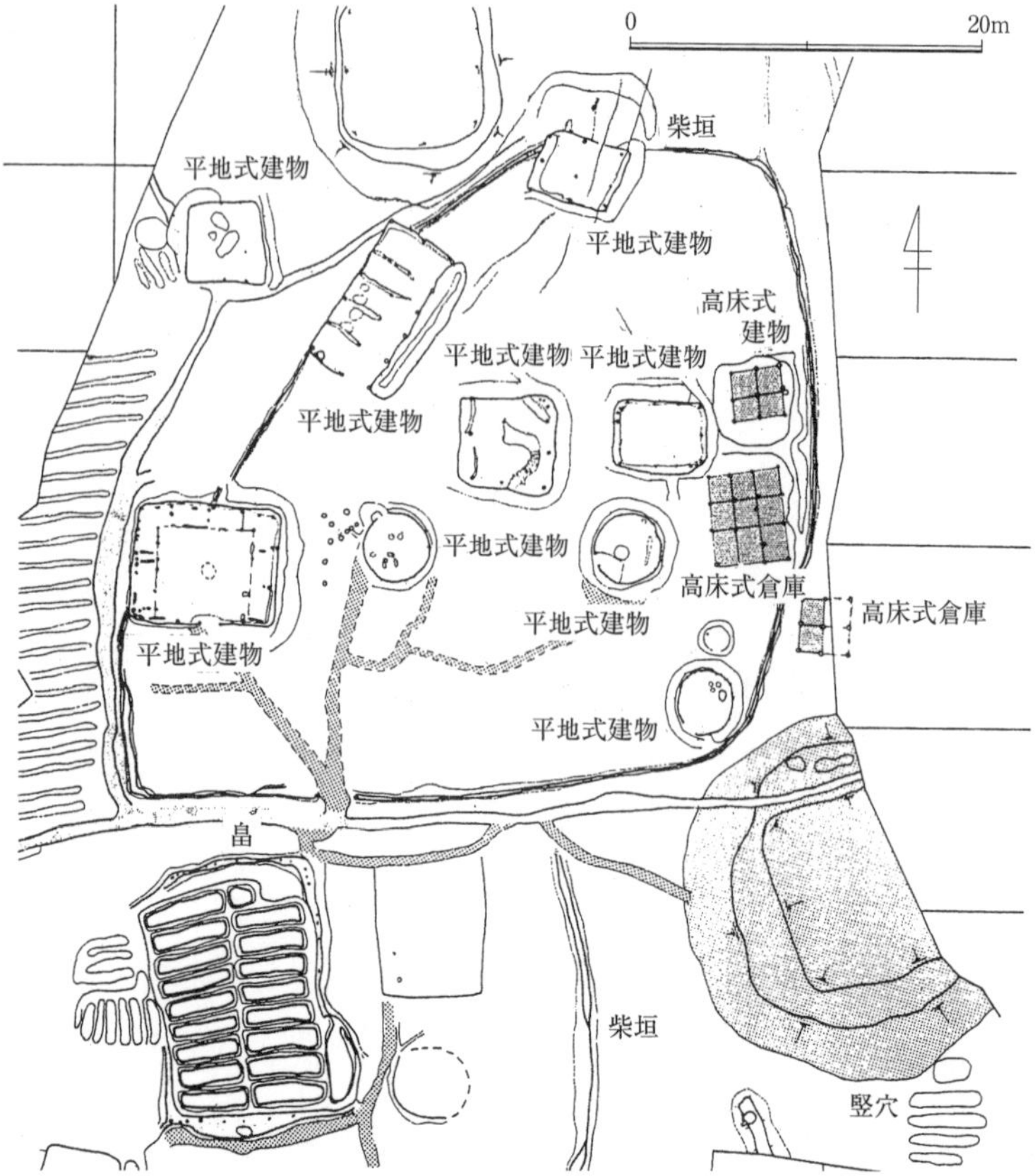

●──群馬県黒井峯西組遺跡の屋敷地（石井克己・梅沢重昭『黒井峯遺跡』による）

●──群馬県山上碑と山上古墳

の世帯がいくつか集まって村が構成されていたのである。

平地住居と竪穴住居との関係などまだ不明な点もあるが、当時の家族が、奈良時代の戸籍にみられる、内部に房戸《ぼうこ》▲とよばれる単婚家族を複数含んだ郷戸《ごうこ》▲とよばれる大家族と基本的には同じような構成をしていたことを示すものとして注目される。こうした複数の小家族を含む大家族が、日常の生産や消費の基本単位であったことは疑いなかろう。奈良時代の戸籍にみられる郷戸に近い大家族が、すでに六世紀初頭の関東地方でも成立していたことはきわめて興味深い。

家族のきずな

群馬県高崎市の山上《やまのうえ》古墳▲とよばれる終末期、すなわち七世紀の横穴式石室《よこあなしきせきしつ》をもった円墳の前に、山上碑《やまのうえのひ》▲とよばれる石碑が建てられている。この碑はその碑文から、辛巳年(六八一年)に放光《ほうこう》寺▲の僧の長利《ちょうり》がその母の黒売刀自《くろめのとじ》のために建てたものであることが知られる。それが山上古墳のすぐ前に建てられているところから、この古墳の被葬者の一人に黒売刀自が含まれていることは疑いなかろう。さらに碑文によると、この古墳の営まれた佐野の地の豪族の出である黒

▼**郷戸と房戸**　律令制にもとづく支配の最小単位は郷戸とよばれ、内部に房戸とよばれる血縁小家族を複数含む大家族であった。郷戸には戸主の親族のほか、非血縁の寄口《きこう》や奴婢《ぬひ》をも含み、平均二〇～三〇人前後であるが、一〇〇人以上の大きなものもある。

▼**山上古墳**　径一五メートルほどの円墳で、切石積みの横穴式石室を内部構造とする。古墳の前に山上碑があり、その碑文から碑に名前のみえる黒売刀自が被葬者の一人と考えられる。古墳の年代は石室の形式から七世紀前半から中葉のものであろう。前頁写真参照。

▼**山上碑**　高さ一・二メートルの自然石を利用した碑で、「辛巳の歳(六八一年)集(十)月三日記す、佐野三家を定め賜える健守命《たけもりのみこと》の孫黒売刀自、此れ新川臣《にいかわのおみ》の児斯《し》多々弥足尼《たたみのすくね》の孫、大児臣と娶《めあ》いて生める児、長利僧、母の為に記し定める文なり、放光寺僧」とある。

売刀自が、二〇キロほど東北方の赤城《あかぎ》山麓の大児臣《おおこのおみ》と結婚して生んだ子が長利であることがわかる。きわめて興味深いことは、この黒売刀自が嫁ぎ先の赤城南麓の地にではなく、里方の佐野の地に葬られていることである。山上古墳はその石室の型式から七世紀前半〜中葉に造営されたものと推測されるから、彼女はおそらくその父の墓に追葬されたものであろう。

九州大学の田中良之氏は、古墳から出土する人骨の歯冠計測値などの分析から、日本の古墳では本来キョウダイの合葬（基本モデルⅠ）が一般的であったが、五世紀後半以降男性とその子が父系の血縁によって合葬される（基本モデルⅡ）ようになり、さらに六世紀前半から中葉以降になると夫婦とその子供たちの合葬（基本モデルⅢ）が現われることを明らかにしておられる。山上古墳の例はまさに基本モデルⅡに相当する。

その銘文から大阪府柏原《かしわら》市の松岳《まつおか》山から出土したと推定されている船王後《ふねのおうご》首《おびと》の墓誌《ぼし》によると、王後は六四一年に亡くなり、六六八年にその妻安理故能刀自《ありこのとじ》と松岳山に合葬されている。船氏は渡来系の氏族である。このことから筆者は、こうした夫婦合葬の風習は五〜六世紀以降に渡来系の人々がもちこんだ習

六二頁写真参照。

▼**放光寺**　山上碑にみえる寺名であるが、最近群馬県前橋市の山王廃寺から放光寺の文字をヘラ書きした瓦が数多くみつかり、この寺が放光寺であったことが確実となった。

俗で、倭人《わじん》たちの間では、妻はその本貫《ほんがん》の地に埋葬するのが一般的であったものと想定している。ただし六〜七世紀以降、こうした新しい習俗はしだいに倭人たちの間にも広がっていったのであろう。先の田中良之氏の基本モデルⅢがまさにこれにあたるが、それはモデルⅡがおのずから変化したものではなく、渡来文化や渡来人の影響によって成立したものと思われるのである。

生産の営み

古墳時代の人々の生産のための営みは、農業・漁撈や塩生産・紡織・土器作り、木工を中心とする農具やさまざまな生活用具の生産、鉄器や青銅器などの金属製品の製作・加工など多方面におよんだ。この時代の前半期の三〜四世紀は、前代の弥生時代の延長であり、生産技術それ自体にはあまり大きな変化はないが、その営みそのものは間違いなく着実に進展していた。そして五世紀になると、次章で詳しく述べるように、そうした弥生時代の伝統的な生産技術の基礎のうえに、まったく新しいさまざまな生産技術や生産方式が伝えられ、生産活動は大きく進展する。

ここでは、人々の生産活動の諸相のうち、もっとも基本的な農業のあり方について、一瞥しておくことにしよう。農業生産のあり方を考古学的方法によって探るためには、その遺跡である耕地の実態を明らかにする必要があるが、ここでも、古墳時代に相次いで火山噴火による災害をうけた群馬県西部の火山灰下から良好な遺構が検出されている。先の村の遺構の場合と同じように当時の人々にとっては大変な災害が、その時代の耕地の有様を物語る貴重な資料を保存する役割を果たしているのは、なんとも皮肉である。

大規模な豪族居館が発見された群馬県高崎市の同道《どうどう》遺跡では、四世紀の浅間《あさま》Ｃ、六世紀初頭の榛名《はるな》ＦＡ、六世紀中葉の榛名ＦＰ、さらに十二世紀初めの浅間Ｂの四層に重なる火山灰層の下から、それぞれの時期の水田跡が検出されている。このうち四世紀の浅間山の噴火で埋まった水田は、南北方向の太い畦《あぜ》で大きく区画された中が、さらに細い畦で三〇平方メートル程度に区画されていた。ところが、六世紀初めの榛名ＦＡ層下になると、四平方メートル程度の極端に狭い区画が碁盤目状に並ぶようになる。この小さな区画割りは、六世紀中頃の榛名ＦＰ層下の水田にも引き継がれるが、こうしたミニ区画の水田は、榛

●──群馬県御布呂遺跡の水田跡

●──群馬県有馬遺跡の畠跡

名FA層下の高崎市御布呂《おふろ》遺跡の水田跡をはじめ、群馬県西部で数多くみつかっていて、六世紀のこの地域の水田に共通のものであったことが知られている。このように極端に小さな水田区画は、火山の噴出した火山灰や軽石というきわめて劣悪な土壌のうえに水田を再構築するため、区画をできるだけ小さくして保水条件をよくしようとした結果生み出されたものと考えられている。

この地域ではまた、六世紀代には渋川市の有馬《ありま》条里遺跡などで、等高線に沿った細い帯状の水田跡が検出されている。これなども、同じ傾斜地を水田化するに際して、投入する労働力をできるだけ少なくしようとしたものであろう。

群馬県地方のように、極端に小さな区画の水田は、火山灰層というきわめて水持ちの悪いこの地域の地質条件による特殊なものであるが、この時期、日本列島の各地で発掘された古墳時代の水田跡の多くも、一区画数一〇平方メートル程度の小さな区画のものが多い。これも、ゆるやかな傾斜地を水田化する際に、できるだけ省力化をはかった結果にほかならない。

一方、畠の遺構についても、やはり群馬県西部で火山灰層下からいくつか発見されている。高崎市の戸田貝戸遺跡では、六世紀初頭に降下した榛名FA層の下から、小区画が並ぶ水田跡が検出されているが、それと水路をへだてた西側の地区からも、何条もの平行する溝を掘ることによって畝《うね》を掘り残した畠の遺構がみつかっている。この畠の地区は、きわめて細かい砂地で、水田に不向きな土壌や地形の部分を畠にしたものと考えられている。土地の条件にあわせて水田と畠を作り分け、土地の有効利用をはかっているのである。なお、戸田貝戸遺跡の畠とは逆に、畝を造成することによって形成された畠も、渋川市の有馬遺跡などで検出されている。

先述の黒《くろ》井《い》峯《みね》遺跡で検出された六世紀中葉の村の周辺からも、多くの畠の遺構が検出されている。これらの遺構は耕作面の状況から、まだ畝が明瞭に残っている畠、痕跡程度に畝が残る畠、畝はまったく残らないが畠であったことがわかるものの三者に分けられるという。群馬の火山灰下から検出される耕地のあり方について意欲的な研究を続けておられる能登健氏は、これら三種の畠の存在から、耕地の切り替えを伴う耕作形態を想定し、連作による地力の低下や障害を克服できなかった農業技術の段階に対応するものと考えられた。

能登健氏はまた、黒井峯遺跡の村に各屋敷地内から発見されている短冊《たんざく》形の幅の広い畝をもつ畠について、混在物のない精選された耕作土からなり、どこからでも手の届く管理しやすい大きさの畝の形態などから、これを陸苗代《おかなわしろ》と考えておられる。稲にとってもっとも大切な籾の発芽期に、鳥害などを防ぐため、監視のしやすい屋敷の中に苗代を設けたものというのである。土壌のプラント・オパール▲の分析結果では稲苗の未成熟イネが検出されており、その可能性は大きいといえよう。黒井峯村は、相当の面積の水田をもつ稲作の村であったことになる。

このほか、群馬県西部の六世紀の火山灰下の畠跡からは、馬の足跡が多数みつかっている。また、黒井峯村の屋敷地内からは家畜小屋の遺構も検出されている。これらのことから、六世紀の段階には相当広範に牛馬耕が行なわれていたことが知られるのである。

神と神まつり

水稲農耕を生活の基盤におく古墳時代の人々にとって、農耕祭祀、とりわけ水のまつりがきわめて重要な位置を占めていたことはいうまでもなかろう。そ

▼**プラント・オパール**　イネ科の植物に含まれるガラス質細胞の微小な化石のことを土壌学でプラント・オパールとよぶ。形成された年代のわかる土壌内にプラント・オパールが含まれていると、その時代にどのようなイネ科の植物が植わっていたかがわかる。

のことはすでに述べたように、古墳の埴輪《はにわ》の中にも水にかかわるまつりの場を表現したものが次々に発見されていることからもうかがうことができる。そうした水にかかわる神まつりの跡、すなわち祭祀遺跡もまた各地で相次いで発見されている。

その一つである三重県伊賀市の城之越《じょのこし》遺跡は、四世紀から七世紀にかけての祭祀遺跡で、三つの井戸から湧き出る水を導いて合流させる水路に石を葺いて祭場をしつらえ、小型壺や高杯《たかつき》など祭祀に用いられた土器類や刀・剣・杵《きね》・臼《うす》・紡織具などを模した木製祭器が数多く検出されている。奈良県桜井市の纒《まき》向《むく》遺跡や同御所《ごせ》市の南郷《なんごう》大東遺跡では、古墳で埴輪化されている水にかかわる祭祀の場そのものがみつかっている。流れをせき止めて、これを木樋や木槽に導いて水の祭祀を行なったところである。また、首長の居館である群馬県の三ッ寺Ⅰ遺跡でも、同様な導水施設や井戸を設けて水のまつりを行なっていたことは、先にふれたとおりである。

当時の人々は、こうした泉・川・井戸など聖なる水場のほかにも、コニーデ形の山容の美しい山、絶海の孤島、巨大な岩、巨木などさまざまな自然物や自

●—奈良県南郷大東遺跡の導水施設

●—神体山三輪山　　右は箸墓古墳の後円部。

●—神体島沖ノ島(福岡県大島村)

然現象を神と崇め、また山の峠や境界なども神の宿るところと考えた。奈良県桜井市の三輪《みわ》山や静岡・山梨県の富士山、栃木県日光の男体《なんたい》山などはいずれも古来から神の山すなわち神体山として知られている。玄界灘の孤島沖《おき》ノ島や伊勢湾の出口に位置する神島《かみ》などはいずれも神体島であり、東山道《とうさんどう》を美濃《みの》から信濃《しなの》に越える神坂《みさか》峠、信濃から上野《こうずけ》へと越える碓氷《うすい》峠なども荒ぶる神のいますところと考えられた。これらの神体山の麓や神体島・峠などには、神へのさまざまな供献品など祭祀関係の遺物の出土する祭祀遺跡がみつかっている。

古墳時代には、弥生時代にみられた銅鐸《どうたく》や銅剣・銅鉾《どうほこ》・銅戈《どうか》などの青銅製武器形祭器は完全に姿を消し、代わって鏡や武器・農工具・機織具・調理具・酒造具などが神まつりの具として重視された。それらは神まつりの場に供献されることはあっても、弥生時代の銅鐸や青銅製の武器形祭器のように地中に埋納すべきものとは考えられてはいなかったようである。大地の生産力を地の神に祈るまつりから天上から山や樹木や巨岩に降臨する神へと、神観念そのものも大きく変化したようである。

玄界灘に浮かぶ孤島沖ノ島は、今も宗像《むなかた》大社の沖津宮《おきつみや》が祀られ、その信仰が現在まで続いているが、島の南斜面中腹の巨岩、すなわち磐座《いわくら》が累々と横たわる地区からは、古墳時代から奈良・平安時代にかけての祭祀遺物が多数発見されている。その第一七号遺跡は、巨岩の隙間から二一面もの銅鏡、鉄剣・鉄刀などの鉄製武器や鉄製農工具類、車輪石《しゃりんせき》・石釧《いしくしろ》などの腕輪形石製品、それに玉類など前期古墳の副葬品と共通する遺物が検出されている。四世紀には、実物の宝器類が神に供献されていたことがわかる。

前期の終わり頃から中期になると、古墳の副葬品の中でも司祭である首長の持ち物と判断される農工具類の石製模造品化が始まる。この石製品化は神にささげる宝器類にもおよび、鏡・剣・玉、それに斧《おの》・鎌《かま》・刀子《とうす》などの農工具類の模造品が大量に祭祀遺跡から出土するようになる。武器や紡織具、さらに調理具ないし酒造具と考えられる臼・杵・槽・俎《まないた》などの木製模造祭器は、すでに古墳時代前期の祭祀遺跡にも広くみられたが、中期には石製の粗製模造品が大量に神に奉献されるようになるのである。神まつりの様式化が一層進行したことは明らかである。さらに後期の六世紀になると、石に代わって土製の模造品が一般化するようになる。

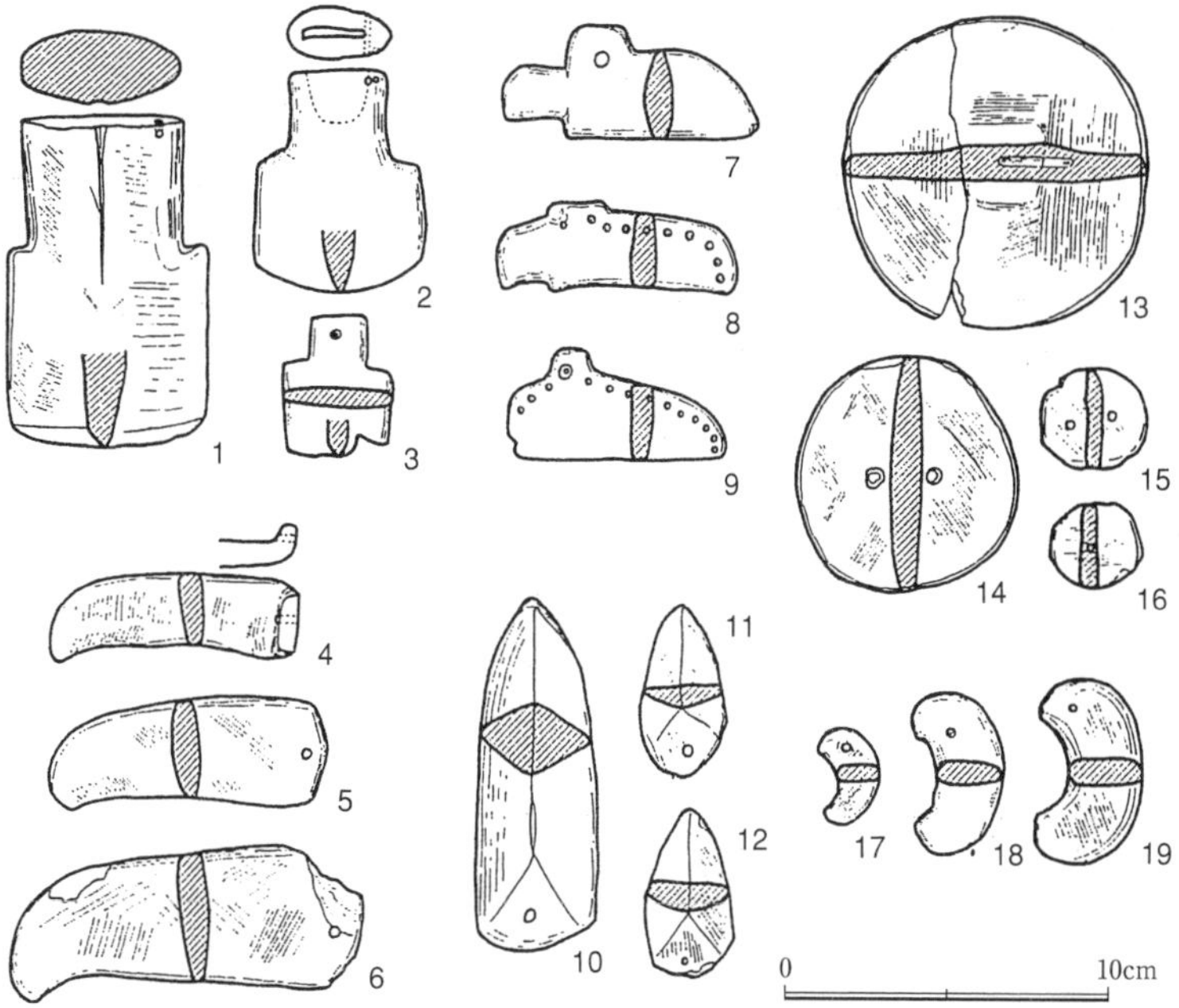

●―福島県白河市建鉾山遺跡の石製模造品　1～3：斧　4～6：鎌　7～9：刀子　10～12：剣　13～16：鏡　17～19：勾玉

●―三重県松阪市草山遺跡の土製模造品　鏡や勾玉などの伝統的な祭器とともに人形や獣形がみられる。

なお、五世紀後半から六世紀になると、一部の祭祀遺跡では、鏡・武器・農工具・紡織具や調理・酒造具などの伝統的祭器のほか、人形・馬形・竃《かまど》形の土製品などそれ以前にはまったくみられなかった大陸系の祭祀遺物が出現することが注目される。木製の人形や土馬などは、七世紀末から八世紀以降さらに顕著になるが、のちに神道《しんとう》ともよばれる古代の人々の基層信仰が、古墳時代以来の伝統的・土着的な信仰に、広く東アジアの民間信仰と共通する要素を大幅にとりいれた重層的・複合的なものであったことを示すものとして興味深い。

死後の世界

この時代の人々の来世観や世界観をうかがうことのできる資料に、古墳の墓室に描かれた壁画《へきが》がある。こうした古墳の墓室《ぼしつ》や棺《かん》に彫刻をほどこしたり、彩色や線刻で壁画を描いたものを装飾古墳とよんでいる。九州・山陰・関東から東北南部の太平洋沿岸に多いが、特に彩色壁画をもつ装飾古墳は九州の有明《ありあけ》海沿岸から筑後《ちくご》川流域に多い。

古墳時代の前期から中期の装飾古墳には、石棺や墓室内の石障《せきしょう》に鏡を表わす円文《えんもん》や同心円文、直弧文《ちょっこもん》▲とよばれる呪術的な文様、さらに盾《たて》・靫《ゆき》・大刀《たち》などの武器・武具を表現したものが圧倒的に多い。それらはいずれも、死者の安らかな眠りを妨げるものがないようにとの願いをこめた辟邪の意味をもつ図文であったと考えられる。ところが、後期の六世紀になると、九州の有明海沿岸各地や筑後川流域を中心とする地域に、古墳の横穴式石室内に彩色壁画を描いた本格的な装飾古墳が出現する。

その一つである福岡県うきは市の珍敷塚《めずらしづか》古墳▲の横穴式石室に描かれた壁画には、辟邪、すなわち魔よけの意味をもつ靫などの絵とともに、一艘の船が太陽のかがやく現世から、月の支配する夜の世界、すなわち来世へと、舳先《へさき》にとまった鳥に導かれてまさに船出しようとしている光景が描かれている。六世紀の九州ではこうした船や鳥船の絵が、さまざまな辟邪の図文とともに描かれることが多い。このことは、この時期のこの地域の人々の間に、はるか海の彼方に来世を求める他界観が存在したことを示すものであろう。それらの壁画には馬を描いたものも少なからずみられるが、この馬もまた来世への乗り物として描かれたものと解釈される。

▼直弧文　古墳時代に武器・武具、あるいは古墳の石棺などの施設や形象埴輪などにほどこされた呪術的な文様。直線と弧線を組み合わせたようにみえるところからこの名が付けられたが、一定の幅をもった帯の組み合わせを表現したもので、ものを縛りつけ、封じ込める意味があると思われる。

▼珍敷塚古墳　筑後川中流域にある装飾古墳。墳丘はすでに失われ、形態や規模は不明である。複室構造の横穴式石室の後室最下段の石材が遺存し、その奥壁に赤・青二色で描かれた彩色壁画がある。六世紀後半のものと考えられている。次頁図版参照。

●――福岡県珍敷塚古墳の壁画(樋口隆康氏原図)

●――三重県宝塚１号墳の船形埴輪

墓室を彩色壁画で飾る風習は、本来中国や高句麗《こうくり》の古墳に広くみられるものであるが、それらには日・月、星宿《せいしゅく》、四神《ししん》など宇宙観を示す図像とともに、墓主すなわち被葬者を描く場合も少なくなく、また被葬者の生前の栄華の情景が描かれることが多い。これは生前の生活が死後の世界にも続くことを願うものにほかならず、そこでは現世と同質の来世が想定されていたことがうかがわれる。このことは、先にふれた明器《めいき》・泥像《でいぞう》の副葬ともまったく共通する思想にほかならない。来世を海のはるか彼方の、現世とは隔絶した異質の世界と想定した倭人の来世観との大きな違いを知ることができる。

こうした死者の魂を海の彼方の来世へと導く鳥船は、六世紀の九州の古墳壁画だけではなく、四〜五世紀の近畿地方の古墳の埴輪や埴輪に描かれた絵画にも見出すことができる。五世紀初めの三重県松阪市の宝塚一号古墳の造出し付近から出土した船の埴輪は、大型の準構造船▲であり、船の甲板上に大刀・蓋《きぬがさ》・威杖《いじょう》などの威儀具《いぎぐ》を立て並べた豪華なものである。また、その舳先には鳥がいた可能性も考えられよう。

さらに、四世紀中葉の奈良県天理市の東殿塚《ひがしとのづか》古墳▲で発見された円筒埴輪には、

▼**準構造船**　板材を組み合わせた構造船がまだ作れない段階に、大型の刳り抜き船の上に舷側板や竪板を組み合わせて作った二重構造の大型船。古墳時代の埴輪の船の多くは準構造船であり、こうした船で朝鮮半島などとの交渉・交易を行なっていたらしい。前頁写真参照。

▼**東殿塚古墳**　大和古墳群に所在する墳丘長一三九メートルの前方後円墳。前期中葉の四世紀前半頃のもの。

三艘の大型の準構造船を表現した船の線刻画が描かれていた。そのうちの一艘の甲板上には屋形が二つあり、旗と蓋を立てて、さらに船首には鳥が描かれていた。また他の一艘にも、鶏のようにもみえる鳥が旗・蓋などの立物《たてもの》とともに描かれている。死者ないし死者の魂を来世に運ぶ鳥船が古墳の埴輪に表現されていることは、来世を海の彼方にもとめる思想が、四〜五世紀の近畿地方にも存在したことを示すものとして興味深い。

こうした来世を海の彼方に求める考え方とともに、それを地下にもとめる思想が存在したことを物語るのが、九州南部の宮崎県南部の地下式横穴▲にみられる装飾である。この地下式横穴は、本来古墳の埋葬施設として出現したものであるが、死者のための墓室を地下に設け、それを家屋に擬して屋根などを彫刻や彩色で表現している。まさに死者のための家を地下に設けているのである。古墳時代の日本列島では、地域によりこうした多様な来世観が存在したことがうかがわれる。

▼**地下式横穴**　宮崎県(日向)南部から鹿児島県東部の大隅地方にみられる、地下に横穴を設けた特異な埋葬施設。地表から二メートルほどの竪坑を掘り、そこから横に玄室を掘り込んだもの。本来は古墳の埋葬施設として出現したもので、墳丘麓に竪坑を、墳丘下に墓室を造営している。五世紀から七世紀に営まれた。

④—日本列島の文明化の始まり

五世紀における古墳文化の変容

日本列島の各地に大規模な墳丘をもつ古墳が営まれた三世紀後半から七世紀にかけての時期は、政治史的にみれば、すでに第一・二章で述べたように、各地の首長たちが政治連合を形成していた時代であり、その首長連合がしだいに近畿中央部の勢力を中心とする集権的な古代国家へと変質していく時期である。一方文化史的にみれば、この時期は、倭人《わじん》たちが東アジアから先進的な文化を積極的に受容して文明社会の仲間入りを果たし、奈良時代に開花する古典文化の基盤が形成される重要な時期にあたっている。

ただ、この日本列島の文明化は、古墳時代四〇〇年あまりの期間を通して少しずつ進展したものではなかった。東アジアの先進的な文物や技術は、古墳時代中頃の五世紀初頭前後から一挙にうけいれられるようになり、倭人の社会を大きくかつ急速に変容させることになるのである。このことは、古墳時代の文化が、その前半の三～四世紀と後半の五～六世紀とでは大きく異なることからも明らかである。

それは、古墳の副葬品《ふくそうひん》の内容の変化にもはっきりと現われている。前半期の古墳の副葬品は、大量の銅鏡、鉄製武器・武具、鉄製農工具、装身具、それにやや遅れて腕輪《うでわ》形石製品などの石製品が加わるが、いずれにしてもきわめて呪術的・宗教的色彩の濃いものであった。それに対して後半期になると、鏡、武器・武具、農工具、装身具なども残るが、それに加えてまったく新しく馬具が加わり、武器・武具も剣が刀に、鉄鏃《てつぞく》も無茎《むけい》や短茎《たんけい》のものから細身の長茎《ちょうけい》鏃に、また矢を入れる矢筒《やづつ》も背中に負う靫《ゆき》から腰に下げる胡籙《ころく》に、さらに短甲《たんこう》に加えて小札《こざね》を綴《と》じ合わせた挂甲《けいこう》▲が出現する。短甲自体も、新しい鋲留《びょうどめ》技法によるものが多くなる。武器・武具はそれまでの歩兵戦向きのものが、騎馬戦《きばせん》向きのものに大きく変化するのである。

また、玉類を中心としていた装身具類にも、それまでほとんどみられなかった金銅製の冠帽《かんぼう》・耳飾り・帯金具・沓《くつ》などが加わる。さらに五世紀から新しく生産が始まった須恵器《すえき》を中心とする土器を、古墳の埋葬施設の中に副葬するようになる。一方、古墳の埋葬施設も大きく変化する。それまでの前期古墳以来

▼挂甲　小札を綴じ合わせて作った甲。鉄板を組み合わせ、皮紐で綴じ合わせたり鋲で留めた短甲に比べてはるかに活動的な甲で、騎馬戦に適する。

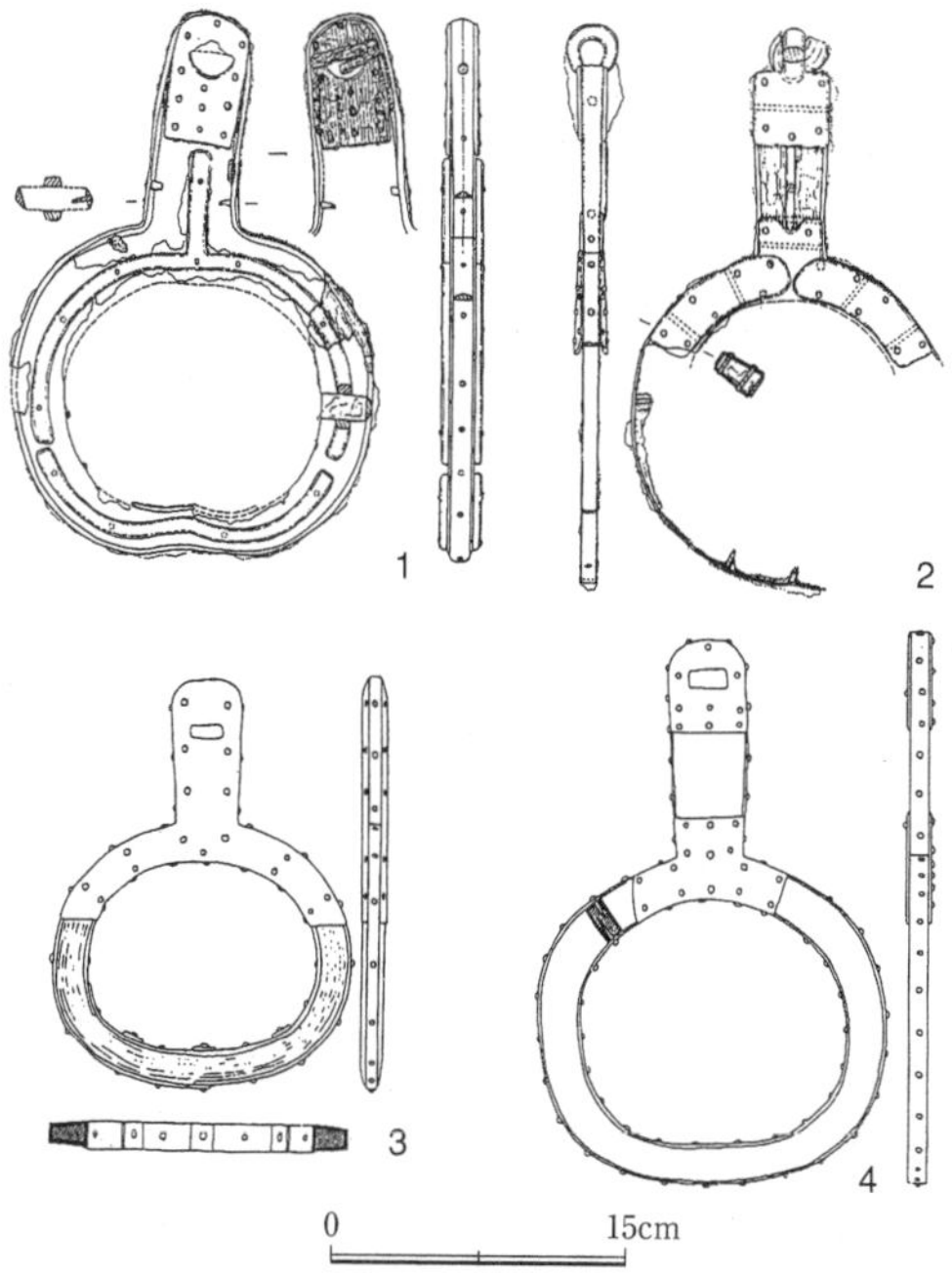

●—日本列島の初期の鐙と伽耶の鐙　1・2：加耶福泉洞22号墳　3：滋賀県新開1号墳　4：大阪府七観古墳

●—初期の横穴式石室(福岡市鋤崎古墳)

▼粘土槨　古墳の墳丘上から掘られた土壙内の粘土床上に安置された木棺を、粘土で被覆して埋めた埋葬施設。木棺を大量の石材で封じ込めた竪穴式石室の省略形式の埋葬施設とも理解できる。

の竪穴式石室《たてあなしきせきしつ》や粘土槨《ねんどかく》▲など竪穴系のものに代わって、横穴《よこあな》式石室をはじめとする横穴系のものが多くなる。

人々の生活様式にも大きな変化が生じる。竪穴住居そのものは同じであるが、そこに備え付けのカマドが付設されるようになる。それまでの赤焼きの土師器《はじき》に加えて、構築された窯《かま》で焼成される硬質の焼物である須恵器の生産が始まり、それぞれの特色を生かして併用されるようになる。また前章でふれたように、牛馬が農耕にも用いられるようになる。さらに稲荷山《いなりやま》鉄剣・江田船山大刀《えたふなやまたち》などにみられるように、文字の使用も本格化する。考古学の今の段階では明らかにできないが、当然衣服などにも変化が生じ、その他さまざまな新しい学術・芸術・芸能なども受容されたと想定される。

こうした五世紀に始まる乗馬の風習や牛馬耕の開始、騎馬戦術や騎馬戦用の武器・武具の受容、新しい金属加工・製陶などさまざまな技術の伝来、さらに学問や芸術・思想・宗教の受容が、それまでの倭人の文化を大きく変容させ、文明化への転機になったことはいうまでもない。それでは、この五世紀初頭前後に始まる日本列島の急速な文明化は、いったいなにを契機に始まったのであろうか。

騎馬民族征服王朝説

古墳時代の中葉におけるこうした大きな変革を、新しく大陸から渡来した騎馬民族の征服によって説明しようとしたのが、第二次世界大戦後に江上波夫▲氏が唱えた騎馬民族征服王朝説である。この説は、朝鮮半島を南下した北方ツングース系の騎馬民族の一派が、海を渡って日本列島に渡来し、その騎馬に卓越した武力によって倭人を征服し、支配者となったとするものである。これは、四世紀から五世紀にかけての北方騎馬民族の農耕地帯への南下・征服・建国という、東アジア世界における大きな歴史の動きをふまえて構想された雄大な仮説で、戦後の学界に大きな影響を与えた。

この騎馬民族征服王朝説とほぼ同時に、民族学者の岡正雄▲氏は、日本の古代文化を母系的芋栽培・狩猟民文化、母系的稲作・狩猟民文化、父系的ハラ氏族的畑作・狩猟民文化、男性的・年齢階梯的稲作・漁撈民文化などの重層からなる基層文化のうえに、表層文化としての父権的ウジ氏族的支配者文化が複合し

▼**江上波夫**　一九〇六年〜。アジア史・アジア考古学者。東アジアから北方ユーラシア、さらに西アジアの現地調査を行ない、広い視野から匈奴《きょうど》など遊牧民族論、東西交渉史、さらに日本民族の起源や文明の起源を論じた。

▼**岡正雄**　一八九八〜一九八二年。民族学者。ウィーン大学でウィーン学派の総帥ウィルヘルム・シュミットに師事し、その文化圏論にもとづいて日本の民族文化の成立を論じた。

たものとする仮説を提起している。岡氏は、この表層文化をツングース系の扶《ふ》余《よ》や高句麗《こうくり》と同系の天皇族のもたらしたものとし、基本的に江上説と共通する考え方を示していた。

　こうした、のちの天皇家の出自を北方ツングース系の渡来者集団に求める説は、『古事記《こじき》』『日本書紀《にほんしょき》』にみられる天孫降臨《てんそんこうりん》説話が、古朝鮮の檀君《だんくん》神話や六加《か》耶《や》国の建国神話に共通するところなどから、戦前から少なくない人々によって提起されていたものである。鳥居龍蔵▲や西村真次は縄文《じょうもん》文化の担い手である先住民に対し、朝鮮半島から渡ってきた新しい人たちによって日本の国家が形成されたと考えたし、喜田貞吉《きたさだきち》▲・山路愛山《やまじあいざん》▲・佐野学▲らは、天皇制国家がツングース系の民族による征服国家であることを論じた。

　江上説も、この流れをくむ仮説にほかならない。ただ、先にみた古墳時代の中頃に始まるさまざまな変化も、よく調べるときわめて漸進的な変化であることが明瞭である。また古墳それ自体の変化も、当時の人々の生活様式自体の変化も、前期以来の伝統的な基層のうえにいくばくかの新しい要素が付け加わっているにすぎないことがわかる。したがって、この変化の背景に江上氏が主張

▼鳥居龍蔵　一八七〇〜一九五三年。人類学者で、中国・モンゴル・シベリア・千島などの現地調査を意欲的に行ない、報告書を刊行。東京・国学院・上智・燕京大学(現北京大学)などの教壇に立った。

▼喜田貞吉　一八七一〜一九三九年。明治〜昭和初期に活躍した日本史学者。歴史地理学会を創設、『歴史地理』誌を刊行し、幅広いテーマについて、考古学・民俗学にも踏み込んだ議論を展開した。

▼山路愛山　一八六四〜一九一七年。明治から大正初期の評論家・歴史家。もとはキリスト教主義の立場に立ったが、しだいに国家社会主義を唱えるようになった。卓抜な史論で知られ、足利尊氏・豊臣秀吉らの人物論がある。

▼佐野学　一八九二〜一九五三年。大正から昭和前期に活躍した日本共産党指導者であり、マルクス主義の思想家。

したような騎馬民族の渡来・征服を構想することはまず困難である。

日本列島を稲作農耕文化に転換させることになった弥生《やよい》文化それ自体が、縄文文化の基盤のうえに朝鮮半島からの強い影響によって成立したものであることは、最近の研究成果からも明らかである。さらに、その後も弥生時代から古墳時代前半期を通じて、朝鮮半島の、主として弁韓《べんかん》▲・加耶▲地域との交渉・交易が続いていたことは疑いない。また、最近の韓国の金海市大成洞古墳群の調査の結果などからも、この時期、倭国と密接な交易関係をもっていた弁韓の金官《きんかん》加耶《かや》国▲などでは、すでに四世紀の初頭から北方の騎馬文化が広くうけいれられていたことは明らかである。にもかかわらず、加耶の騎馬文化はこの時期の日本列島にはまったくおよんでいないのである。

それでは、いったいなにを契機に、倭人たちは五世紀に入るや否や、競って新しい文物や文化をうけいれることになったのであろうか。

騎馬文化の受容の背景

五世紀以降、次々と日本列島にうけいれられるさまざま文化要素の中でも、

▼**弁韓**　三世紀頃の朝鮮半島東南部の韓族による小国家群の一つ。四世紀になると隣接する馬韓《ばかん》は百済によって、辰韓《しんかん》は新羅によって統一されるが、弁韓では四～五世紀になっても小国分立の状況が続いた。

▼**加耶**　朝鮮半島では四～六世紀に、高句麗・百済・新羅がそれぞれ国家を形成し、三国時代とよばれるが、この時代、百済・新羅の中間から南に存在した小国群を加耶諸国という。加耶諸国は連合を形成することはあっても、一つの国家としてまとまることはなかった。地理的にも日本列島にもっとも近く、古墳時代に倭人たちがもっとも深い関係をもっていたのは加耶諸国にほかならない。

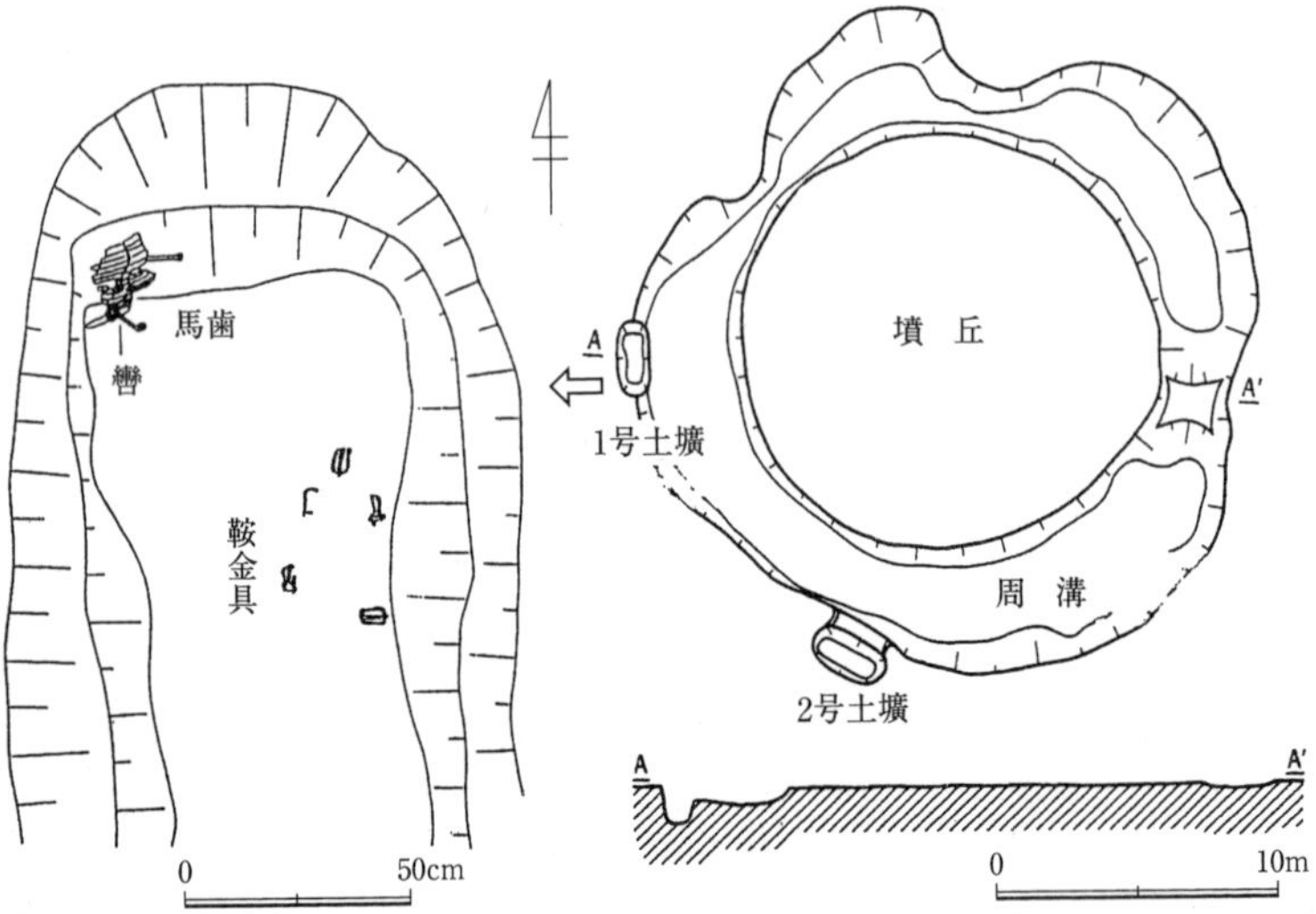

●──千葉県大作31号墳　左は１号土壙の拡大図。

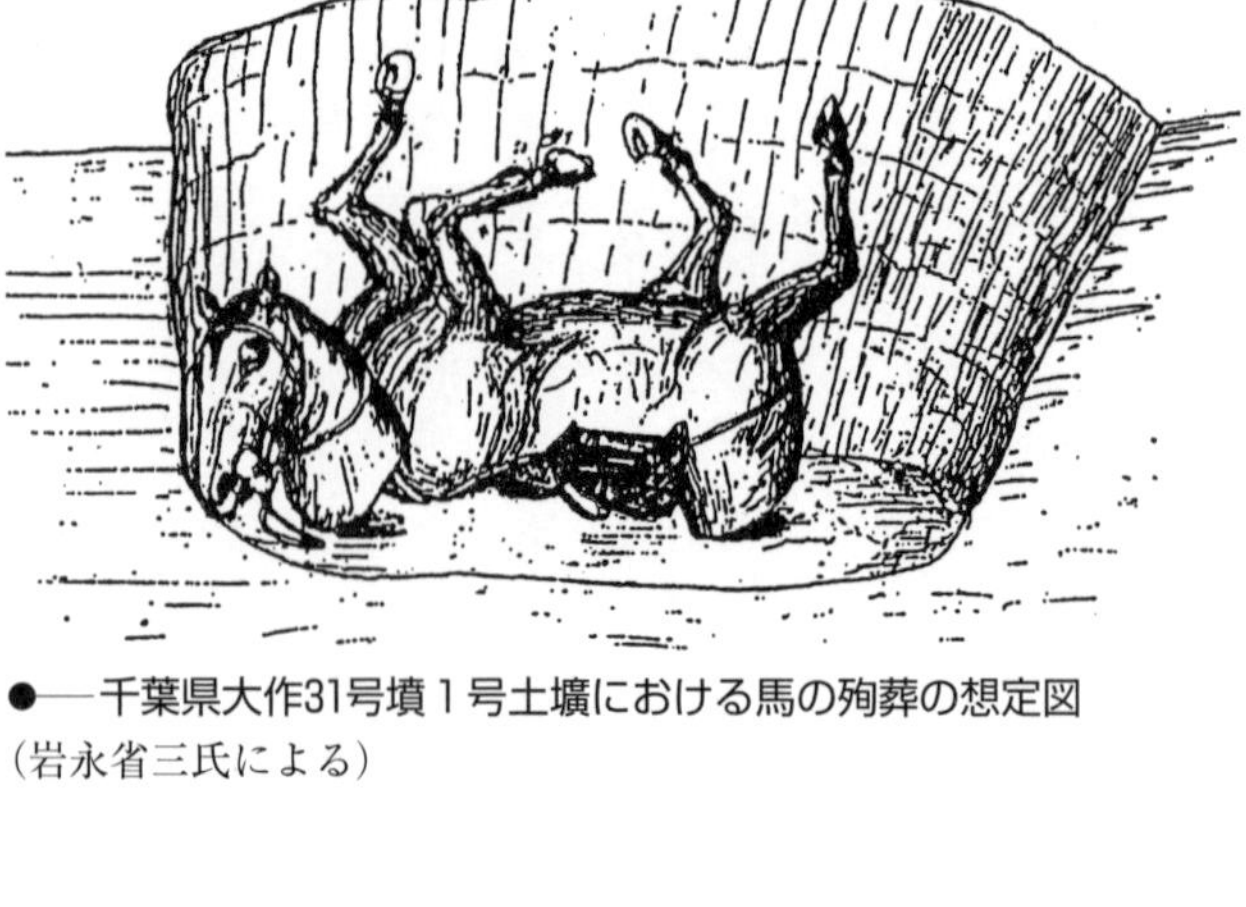

●──千葉県大作31号墳１号土壙における馬の殉葬の想定図
(岩永省三氏による)

もっとも特徴的な騎馬文化について、その受容の契機がなんであるかを考えてみることにしよう。

この問題を探るうえに興味深いのは、最近日本列島の各地、とりわけ東日本の各地で相次いで検出されている馬の殉葬土壙《じゅんそうどこう》の存在である。千葉県佐倉市大《おお》作《さく》三一号墳は、五世紀末頃に営まれた直径一五メートルほどの小さな円墳《えんぷん》であるが、その周溝《しゅうこう》の外側に接して馬を葬った大きな土壙が二基みつかっている。そのうちの一号土壙では、馬の歯と轡《くつわ》や鞖《しおで》とよばれる鞍金具《くらかなぐ》がみつかり、馬具を装着したまま馬が埋葬されていたことがわかった。興味深いのは、馬の歯や轡の位置から馬の頭部が土壙の北端にあったことが知られるにもかかわらず、鞍は鞖金具の配置からみて南向きであったと想定されていることである。このことは、馬が頭部を切断されて、頭を尻のほうに埋められていた可能性が大きいことを示している。この馬はその歯からみてまだ三歳前後の若い馬であることと、頭を切断されて埋葬されていることから、古墳の主の埋葬に際して殉葬されたものにほかならないことを示している。

このように古墳の周溝内やその近くに馬を殉葬した土壙は、長野県をはじめ

▼**延喜式**　式は律令の施行細則であるが、これを醍醐天皇の延喜年間に編纂したもの。それ以前にまとめられた弘仁式や貞観式を引き継ぐ。延喜五(九〇五)年に編纂に着手し、延長五(九二七)年に完成。ただし施行は康保四(九六七)年である。

東日本の各地で数多くみつかっている。それらの古墳の多くは五世紀頃のもので、規模も小さく、検出される馬の歯からいずれも三歳前後の若馬を惜し気もなく殺していることが知られる。さらに重要なことは、それら馬の殉葬土壙の発見例が、いずれも『延喜式《えんぎしき》』▲に記載されている古代の牧の想定地に近いところにみられることである。

本来、馬の飼育をやらなかった弥生時代以来の倭人の間に、馬を殉葬するというような風習が自生したとは考えがたいから、こうした習俗は、朝鮮半島などから渡来した人々が伝えたものであろう。そうした習俗をもった渡来人が、五世紀の段階に、東日本にまで相当数移住することになったのは、それらがいずれも古代の牧の想定地の近くからみつかっていることからも、彼らが牧の設置にともなって東日本にまで移住した結果にほかならないと思われる。またこのことは、『延喜式』所載の牧の多くが五世紀段階に設置された可能性が大きいことをも示すものにほかならない。

『延喜式』にみられる牧の分布は、とくに東日本の信濃《しなの》・上野《こうずけ》・武蔵《むさし》・下総《しもうさ》などに著しいが、古墳時代中期の五世紀になってはじめて大規模な牧が東日本に

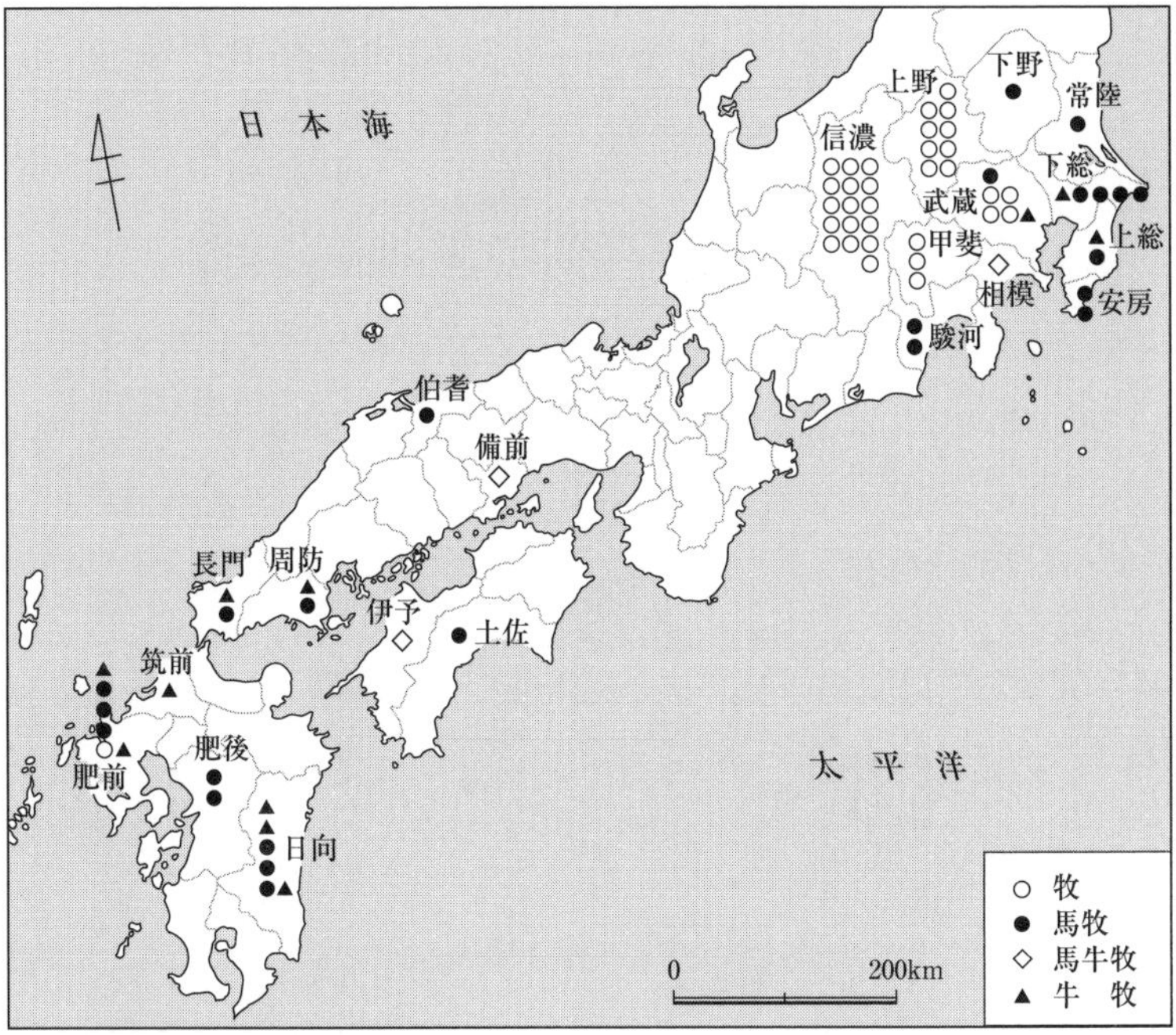

●──『延喜式』所収の牧の分布

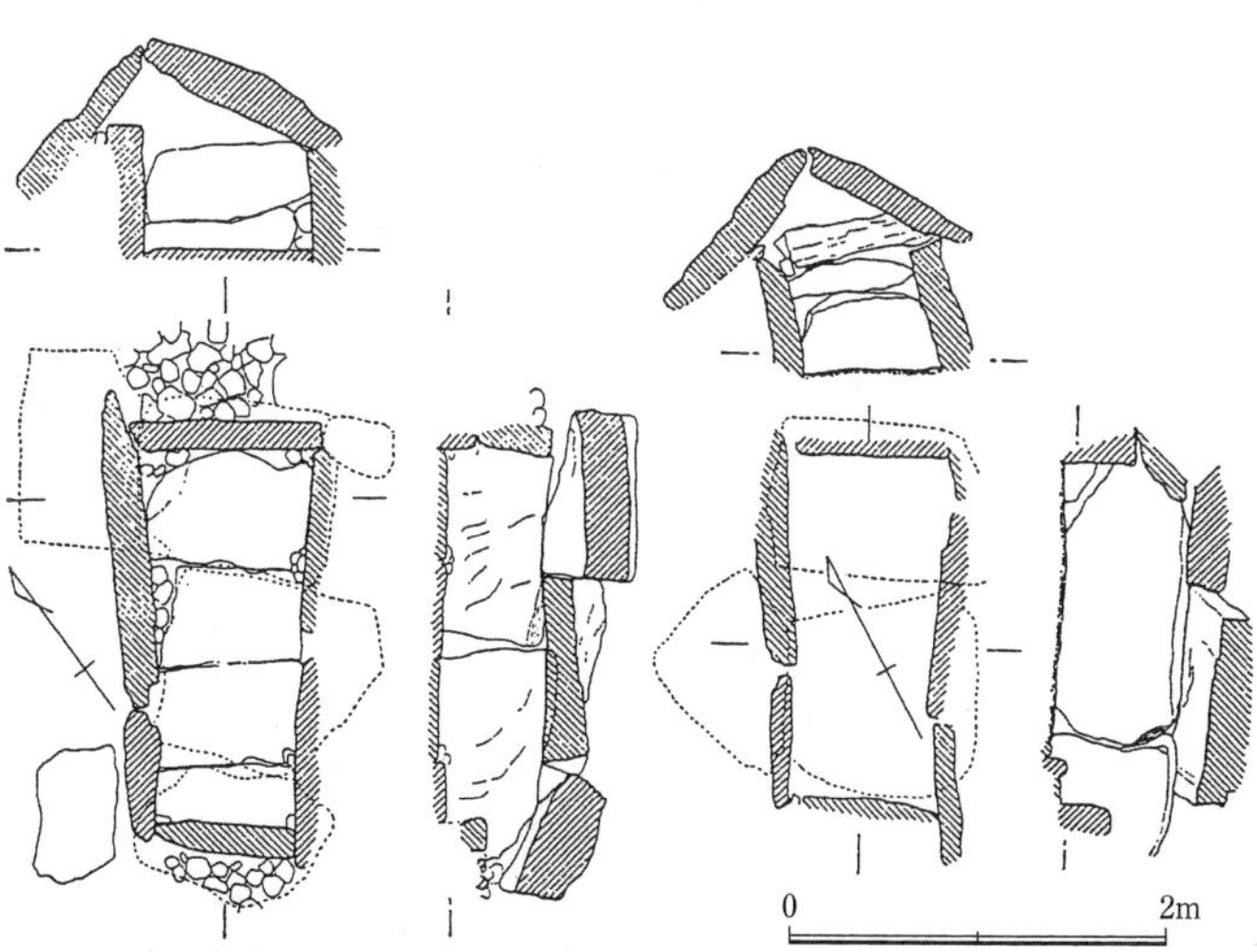

●──長野市大室古墳群の合掌形石室　左：大室356号墳　右：同357号墳

まで設置されるのはなぜだろうか。騎馬民族征服王朝説はこうした出来事を説明するのに都合のよい仮説ではあるが、先にふれたように、考古学が明らかにしている五世紀前後の日本列島の状況の全体像からは、その成立の可能性はきわめて少ないと判断せざるをえない。むしろそれは、四世紀後半以来の東アジアの国際情勢の大きな変化と関連させてはじめて理解することができるのである。

　四世紀後半になると、朝鮮半島では高句麗《こうくり》が南下を始め、半島南部の百済《くだら》▲や新羅《しらぎ》▲、さらに加耶諸国は国家存亡の危機を迎える。このとき百済や加耶諸国は、倭国に接近しこれを味方に引き入れようとする。重要な鉄資源を朝鮮半島に頼っていた倭国も、朝鮮半島の情勢には重大な関心があり、百済や加耶諸国とともに高句麗と戦うことになる。このことは、当時高句麗の都があった中国の吉林省集安にある好太王碑《こうたいおうひ》▲の碑文からも明らかである。

　高句麗の騎馬軍団と戦うには、どうしても乗馬の術を身につけ、また多くの馬を生産しなければならない。このため倭国は百済や加耶諸国の援助をうけて、日本列島内でも馬具の生産を始め、馬匹《ばひつ》生産のため大規模な牧を各地に設置し

▼百済　朝鮮半島中部西寄りの漢江流域を中心に、馬韓の一国伯《はく》済《さい》国が中心になって四世紀初め頃に建国。四世紀後半以降、倭国とも密接な関係を保ったが、六六〇年、新羅と唐の連合軍によって滅ぼされた。

▼新羅　朝鮮半島東南部の地域に、辰韓の一国斯盧《しろ》国が中心になって四世紀前半頃に建国。七世紀後半には唐と同盟を結び、まず六六〇年に百済を、ついで六六八年高句麗を倒し、さらに唐の勢力をも排除して朝鮮半島を統一した。

▼好太王碑　中国吉林省集安にある、高句麗好太王（三七四～四一二）の陵域内に建てられた王の事績を記した碑。倭人が海を渡って高句麗軍と戦ったことが記されており、四～五世紀の交わり頃の東アジアの情勢をうかがううえに貴重な史料である。

たのであろう。日本の初期の馬具が加耶のものと共通するのは、このためにほかならない。また『延喜式』にみられる信濃の大室牧《おおむろまき》の想定地にある長野市大室古墳群▲では、五世紀前半から中葉の合掌《がっしょう》形石室▲とよばれる特殊な横穴式石室がいくつかみられる。この種の石室が百済にもみられることは、この国家的プロジェクトともいうべき大規模な牧の設置が、百済から派遣された馬匹生産の技術をもつ渡来人によってなされたものであることを物語るものであろう。

　倭人たちは四世紀代には、すでに加耶にはうけいれられていた馬匹文化にまったく関心を示さなかった。ところが四世紀末以降になると、急にその本格的な受容に倭国をあげて努力することになる。その背景に高句麗の南下という国際情勢の緊迫があったことは疑いなかろう。

技術革新と先進文化の受容

　こうした国際情勢の変化を背景に、倭人たちは積極的に馬匹文化を受容する。この馬匹文化の受容は、単に乗馬の風習の受容にとどまらず、さまざまな技術を日本列島にもたらすことになった。馬具の生産には、木工や皮革、鉄器生産、

▼**大室古墳群**　長野市大室地区を中心に展開する古墳群で、総数五〇〇基以上の古墳からなり、その大部分は積石塚である。多くは小規模な円墳で、大部分は横穴式石室をもち、中に六基の合掌形石室がある。五世紀中葉から七世紀にかけて営まれた。

▼**合掌形石室**　天井部を屋根形に架構した玄室をもつ横穴系の石室。五世紀中葉前後に長野県北部など一部の地域で構築が始まり、その系譜を引く石室は六世紀まで存続する。朝鮮半島では百済の領域にみられるが、現在知られているものは七世紀に下るものである。九一頁図版参照。

さらに金銅製品の生産技術などさまざまな技術が必要である。こうした総合的な技術が百済や加耶から派遣された渡来人《とらいじん》によって倭国にもたらされる。またヤマト政権も馬匹文化ばかりでなく、それ以外のさまざまな技術や文化を積極的にうけいれようとしたらしい。また、高句麗との戦いのために朝鮮半島に渡った倭人たちが彼の地で直接学んだものも、さらに戦乱を逃れて倭国に移住した人たちが伝えたものも少なくなかったと思われる。こうして五世紀になると、倭国の文明化が一気に進むのである。

　四世紀までの日本列島では、弥生土器の系譜をひく赤焼きの土師器とよばれる土器が用いられていた。ところが、四世紀後半以降多くの渡来人が彼の地の陶質土器▲をもちこむようになり、さらに、この陶質土器の生産技術が九州や中国・近畿・東海などに伝えられて、須恵器▲とよばれる硬質の土器の生産が日本列島でも始まることになる。この須恵器は、硬質であるばかりでなく、小型の器種については「ろくろ」を用いて形をひき出し、文様をほどこすという、それまでの倭国ではみられなかった成形法によったもので、その初現の時期が四世紀末葉までさかのぼることはほぼ確実となってきた。

▼**陶質土器**　四世紀以降、朝鮮半島で用いられた還元焔焼成による硬質の焼物。日本列島にも流入しており、須恵器はその系譜を引く。

▼**須恵器**　封鎖可能な窯を用いて還元焔で焼成され、灰色を呈する硬質の焼物。四世紀末葉頃から、加耶の陶質土器の影響をうけて生産が始まり、弥生土器以来の伝統的な酸化焔焼成による赤焼きの土師器と併用された。

須恵器は、朝鮮半島の陶質土器の生産技術が日本列島に伝えられて成立したものであることは確実である。当時の朝鮮半島南部では、地域により陶質土器の製作技法・器形・文様などに顕著な地域差がある。日本の初期の須恵器は、明らかに加耶地方の、それも洛東江流域の諸国、現在の慶尚南道西部の影響をうけたものであることが知られる。ただ第二段階になると、これに加耶の西方の、現在の全羅南道▲の陶質土器の影響がおよんだことは明らかである。このことは、須恵器の生産技術一つをとってみても、その遡源は単純ではないことを示している。これは、朝鮮半島の各地からやってきた渡来人たちがさまざまな系統の技術を伝えた結果にほかならない。

千葉県市原市稲荷台《いなりだい》一号墳からは、金象眼《きんぞうがん》銘をもつ「王賜《おうし》」銘鉄剣▲が出土している。この鉄剣が製作された年代は、古墳の年代から五世紀前半と考えられるが、早くもこの段階には、金象眼の銘文をもつ鉄剣を作る技術があったことは疑えない。また、熊本県和水《なごみ》町の江田船山古墳は、銀象眼銘をもつ江田船山大刀を出土した古墳として知られているが、この古墳からは何組かの金銅製装身具が出土している。そのうちの五世紀末葉の広帯式金銅冠は亀甲繋文《きっこうつなぎもん》を全面

▼全羅南道　韓国の西南部。この地域の栄山江流域を中心に日本列島の前方後円墳と共通する形態の古墳が数多く築造されており、それらが営まれた五世紀後半から六世紀初頭頃には、倭国と密接な関係をもった地域であることが知られる。この地域は、その後百済に併合される。

▼「王賜」銘鉄剣　千葉県稲荷台一号墳から出土した鉄剣で、剣身の関に近い部分の表に「王賜□□敬安」、裏に「此廷□□□□」のあわせて一二文字が金象眼により記されていたと想定される。銘文からは年代は不明であるが、その他の出土品からこの古墳が五世紀中葉頃のものであることが知られ、その製作年代は五世紀前半にさかのぼるものであろう。

●—熊本県江田船山古墳出土の広帯二山式金銅冠（上）と沓（下）

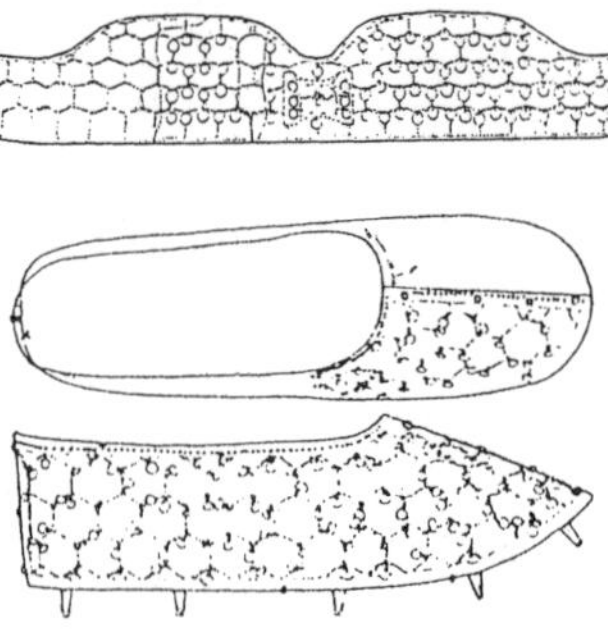

▼**稲荷山鉄剣**　埼玉県稲荷山古墳から出土した鉄剣で、剣身の表裏に一一五文字からなる銘文が金象眼により記されている。辛亥年(四七一年)に、杖刀人の首として獲加多支鹵大王に奉事した乎獲居が作らせたものであることが知られる。乎獲居については、これを稲荷山古墳の被葬者とする説と中央豪族とする説がある。次頁図版参照。

にほどこしたすぐれたものであるが、この広帯二山式の冠は朝鮮半島にはみられない日本列島独自の様式の冠であり、日本列島で製作されたものと考えざるをえない。この冠を日本列島で製作されたものと考えると、同じ亀甲繋文をほどこした金銅製の沓《くつ》も、また日本列島で製作されたものと考えざるをえないのである。

　五世紀の後半から末葉には、こうした朝鮮半島の王族や貴族が身につける金銅製の装身具が、日本列島でも製作されるようになっていたことが知られるのであり、金属加工技術などの水準は、朝鮮半島のそれとあまり遜色ない水準に達していたことがわかる。

　埼玉県行田市稲荷山古墳出土の稲荷山鉄剣▲は、その銘文から辛亥《しんがい》年、すなわち四七一年に作られたことが知られるが、その表裏に一一五文字の金象眼の銘文がほどこされている。銘文の初めには、辛亥年七月にこの銘文が書かれたことを記し、次いで乎獲居《をわけ》という人物の系譜が七代前までさかのぼって記されている。そして乎獲居の家が代々杖刀人《じょうとうじん》として大王《だいおう》に仕えてきたこと、獲加多支《わかたけ》鹵《る》大王が斯鬼宮《しきのみや》にいた時にその統治を助けたこと、さらにこの刀を作って自分

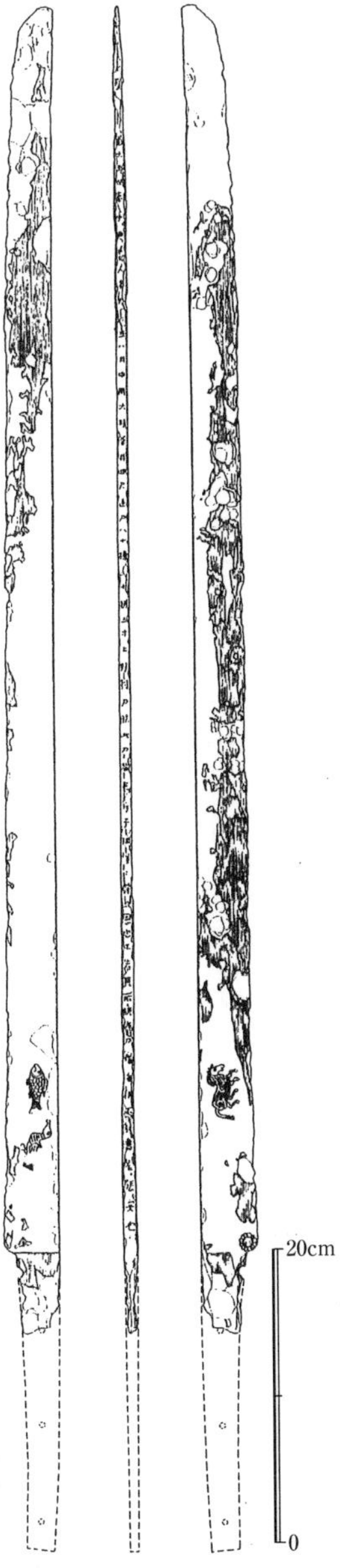

●—熊本県江田船山古墳出土の江田船山大刀

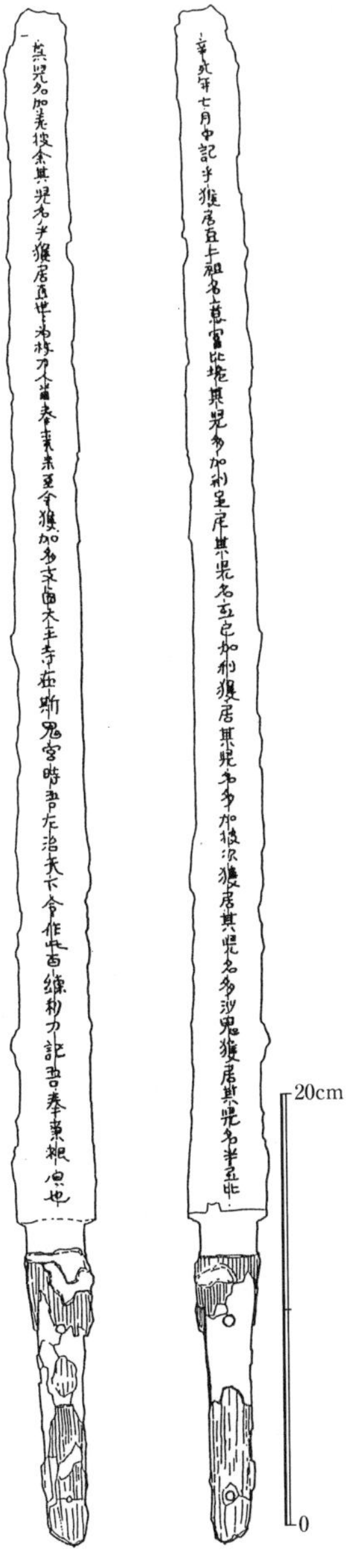

●—埼玉県稲荷山古墳出土の稲荷山鉄剣

が大王に仕えてきた由来を記すとしている。

　銘文の中には、乎獲居（ヲワケ）・意富比垝（オオヒコ）・獲加多支鹵（ワカタケル）などの倭人の名前や、斯鬼（シキ）という地名などが、漢字の音を借りて表記されている。また、この剣と同じワカタケル大王の時に作られた熊本県江田船山古墳出土の江田船山大刀▲にも銀象眼の銘文があり、そこにはワカタケル大王の名とともにこの銘文を書いた「張安《ちょうあん》」の名がみられる。これは、漢字による日本語の表記が、渡来人の手によってなされていたことを示すものにほかならない。

　漢字の使用が、弥生時代にさかのぼることは疑いなかろう。ただそれは外交文書など特殊なものに限られていたものと思われる。しかし五世紀になると、稲荷山鉄剣や江田船山大刀の銘文にみられるように、のちの万葉仮名《まんようがな》▲と共通する漢字の音を借りた日本語の表記法が定着し、さまざまな分野で文字の使用が広く行なわれるようになったものと思われるのである。

▼江田船山大刀　熊本県江田船山古墳から出土した鉄刀で、刀身の棟の部分に七五文字からなる銘文が銀象眼により記されている。「治天下獲□□□鹵大王」の世に典《てん》曹人《そうじん》の无利弖《むりて》が作らせたものであることがわかる。稲荷山鉄剣の銘文との比較から、この大王が獲加多支鹵大王、すなわち雄略《ゆうりゃく》天皇であることが明らかであり、その治世ないしその直後に作られたことが知られる。前頁図版参照。

▼万葉仮名　『万葉集』の詩歌は、漢字の字音を使って表記されている。文字は漢字そのものであるが、こうした日本語の表記法を万葉仮名という。『万葉集』ばかりでなく、『古事記』などもこの表記法をとっている。

日本列島の文明化と古代国家への道

　このように五世紀になると、騎馬文化、金属加工・製陶などさまざまな新しい生産技術、土木・建築技術、天文・暦法《れきほう》・算術などの学問や科学技術、さらに統治技術やさまざまなイデオロギーなどが、堰を切ったように日本列島に流れ込むようになる。その契機は、先に述べたように、高句麗の南下に伴う国際情勢の大きな変化にあることは疑いなかろう。

　高句麗の南下という東アジアの国際情勢の変化に伴う大きな危機――当然高句麗の日本列島への侵攻も危惧されたであろう――に直面して、倭人たちはそれまでまったく関心をもたなかった騎馬文化を否応無しに受容する。これは共通の敵である高句麗に対抗するため、百済や加耶諸国が積極的に倭国に騎馬文化を伝えようとしたものでもある。馬の生産・飼育技術ばかりでなく、馬具の生産に伴うさまざまな技術が、さらに戦術や外交の手段としての漢字文化、さらに学問・思想までもがこの列島にもたらされることになる。それはまさに、高句麗という北からの軍事的圧力に対抗するための百済や加耶の外交政策の一環にほかならなかった。

▼新撰姓氏録　弘仁六(八一五)年に万多《まんだ》親王らが編纂した氏族系譜の書。平安京および畿内の諸氏族を皇別・神別・諸蕃に分類し、それぞれの系譜を筆録している。

さらに朝鮮半島における動乱を逃れて、少なくない渡来人が日本列島に渡来し、騎馬文化以外にもさまざまな技術や情報をもたらしたことも重要である。平安時代の初めに編纂された『新撰姓氏録《しんせんしょうじろく》』▲によると、平安京と五畿内《ごきない》の一〇五九の氏《うじ》のうち、渡来系譜をもつ氏は三二四でほぼ三割を占めている。これはあくまでも支配者集団に属する氏の数であり、古代における渡来人の正確な割合は不明である。ただ、この『新撰姓氏録』の数字からも、それが倭人社会を構成する重要な一部であったことは疑いない。倭国が五世紀から六世紀にかけて急速に東アジアの先進的文化を受容し、それを咀嚼して我がものとし、早くも七〜八世紀には古典文化や古代国家を完成することができたのは、この時期の倭人社会がつぎつぎに新しい渡来人をうけいれ、新しい技術や文化を咀嚼する能力を常にもっていたからであろう。

第一・二章で述べたように、古墳時代の始まりは、弥生時代における農耕社会の発展を基礎に、一定の外的刺激をうけて、いいかえれば海外の先進文物の受容のために成立した、ヤマト政権とよばれる倭国連合の成立と一致する。古墳の造営もまた、この倭国連合の政治秩序と密接に連関していた。この政治連合の成立は、日本列島の文明化の政治的・社会的基礎条件が整備されたという意味で重要である。しかし、倭国がさらに本格的な文明化を進め、古代国家・古典文化を完成するためには、さらなる飛躍が必要であった。重要なことは、この飛躍が倭人社会の自立的発展の結果によるものであったのではなく、東アジア情勢の緊迫という外的な刺激の結果にほかならないことである。四世紀後半から五世紀初めの東アジアの国際関係の緊張こそが、日本列島の文明化を進めたことは、本章で述べたとおりである。

こうした五~六世紀における文明化の基盤整備をうけて、さらに倭国が古墳に象徴される首長連合体制を止揚して、中央集権的な律令《りつりょう》制古代国家や古典文化を完成するためには、七世紀後半の白村江《はくそんこう》における唐《とう》・新羅の連合軍との戦▲いでの敗戦という、もう一つの外的圧力が必要であった。日本列島の文明化や古代国家の形成を促したものが、東アジア世界からの強い刺激にあることは明らかであろう。

ただそうした刺激や外圧を梃子《てこ》に、文明化や国家形成を進めるためには、そうした刺激や外圧を主体的にうけとめることがどうしても必要である。こうし

▼**白村江の戦い**　六六三年、韓国忠清道錦江河口で倭国と唐・新羅の連合軍との間で行なわれた海戦。唐の援助をうけた新羅に敗れた百済を救うために倭国が出兵したものであるが、惨敗に終わり百済は滅亡した。

た主体的な文化や刺激の受容を可能にしたものが、縄文文化の基層のうえに稲作農耕文化をうけいれ、その基盤のうえにさらに多様な先進文化を取り入れることによって歴史的に形成されてきた、重層的で柔軟性に富む日本列島の倭人文化であったことも、また忘れてはならないだろう。

●──図版提供・協力者一覧(敬称略，五十音順)

明日香村教育委員会　　p. 30下
梅原章一　　カバー表, p. 9上, 49下, 52上
宮内庁書陵部　　p. 41, 52下, カバー裏
群馬県埋蔵文化財調査事業団　　p. 67下
国立歴史民俗博物館　　p. 59下
高崎市教育委員会　　p. 67上
奈良県立橿原考古学研究所　　扉, p. 72上
福岡市埋蔵文化財センター　　p. 83下
松阪市教育委員会　　p. 30上, 75下, 78下
山本耀也　　p. 59上
著者　　p. 7下, 23上・下, 62下, 72中・下

製図：曾根田栄夫

古墳時代の遺物に関するもの
小林行雄『古墳文化論考』平凡社，1976年
樋口隆康『古鏡』新潮社，1978年
田中琢『古鏡』(『日本の原始美術』8)講談社，1978年
寺村光晴『古代玉作形成史の研究』吉川弘文館，1980年
田中琢『古鏡』(『日本の美術』178)至文堂，1981年
田辺昭三『須恵器大成』角川書店，1981年
白石太一郎編『古墳時代の工芸』(『古代史復元』7)講談社，1989年
野上丈助編『論集武具』学生社，1991年
高橋克寿『埴輪の世紀』(『歴史発掘』9)講談社，1996年
菱田哲郎『須恵器の系譜』(『歴史発掘』10)講談社，1996年
岡村秀典『三角縁神獣鏡の時代』吉川弘文館，1999年

文献による研究
水野祐『日本古代王朝史論序説』小宮山書店，1951年
直木孝次郎『日本古代国家の構造』青木書店，1958年
上田正昭『日本古代国家成立史の研究』青木書店，1959年
井上光貞『日本国家の起源』(岩波新書)岩波書店，1960年
直木孝次郎『日本古代の氏族と天皇』塙書房，1964年
井上光貞『日本古代国家の研究』岩波書店，1965年
岡田精司『古代王権の祭祀と神話』塙書房，1970年
吉田晶『日本古代国家成立史論』東京大学出版会，1973年
岸俊男『遺跡・遺物と古代史学』吉川弘文館，1980年
門脇禎二『日本古代政治史論』塙書房，1981年
山尾幸久『日本古代王権形成史論』岩波書店，1983年
義江明子『日本古代の氏の構造』吉川弘文館，1986年
岸俊男『日本古代文物の研究』塙書房，1988年
加藤謙吉『大和政権と古代氏族』吉川弘文館，1991年
岡田精司『古代祭祀の史的研究』塙書房，1992年
塚口義信『ヤマト王権の謎をとく』学生社，1993年
和田萃『日本古代の儀礼と祭祀・信仰』塙書房，1995年
直木孝次郎『日本古代国家の成立』(講談社学術文庫)1996年
吉村武彦『古代天皇の誕生』岩波書店，1998年
井上光貞『天皇と古代王権』(岩波現代文庫)岩波書店，2000年

●—参考文献

古墳時代全体に関するもの

小林行雄『古墳時代の研究』青木書店，1961年

近藤義郎『前方後円墳の時代』岩波書店，1983年

川西宏幸『古墳時代政治史序説』塙書房，1986年

白石太一郎編『古代を考える・古墳』吉川弘文館，1989年

都出比呂志『日本農耕社会の成立過程』岩波書店，1989年

都出比呂志編『古墳時代の王と民衆』(『古代史復元』6)講談社，1989年

辰巳和弘『高殿の考古学—豪族の居館と王権祭儀』白水社，1990年

石野博信・岩崎卓也・河上邦彦・白石太一郎編『古墳時代の研究』全13巻，雄山閣，1990〜93年

田中良之『古墳時代親族構造の研究—人骨が語る古代社会』柏書房，1995年

白石太一郎『古墳とヤマト政権』(文春新書)文芸春秋，1999年

白石太一郎『古墳と古墳群の研究』塙書房，2000年

北条芳隆・溝口孝司・村上恭通『古墳時代像を見なおす』青木書店，2000年

小笠原好彦・吉村武彦『大和王権』(『展望日本歴史』4)東京堂出版，2000年

白石太一郎『古墳の語る古代史』(岩波現代文庫)岩波書店，2000年

古墳に関するもの

小林行雄『古墳の話』(岩波新書)岩波書店，1959年

小林行雄『装飾古墳』平凡社，1964年

森浩一『古墳の発掘』(中公新書)中央公論社，1965年

森浩一『論集終末期古墳』塙書房，1973年

末永雅雄『古墳の航空大観』学生社，1975年

藤井功・石山勲『装飾古墳』(『日本の原始美術』10)講談社，1979年

森浩一編『探訪日本の古墳』西日本編，有斐閣，1981年

大塚初重編『探訪日本の古墳』東日本編，有斐閣，1981年

白石太一郎『古墳の知識—墳丘と内部構造』東京美術，1985年

大塚初重・小林三郎・熊野正也編『日本古墳大辞典』東京堂出版，1989年

近藤義郎編『前方後円墳集成』全5巻・補遺編，山川出版社，1991〜2000年

石野博信編『全国古墳編年集成』雄山閣，1995年

近藤義郎『前方後円墳の成立』岩波書店，1998年